意大利

旅游地理

梁留科　范钦栋　梁宗正　陆志国　著

新华出版社

图书在版编目（CIP）数据

意大利旅游地理 / 梁留科等著. — 北京 : 新华出
版社, 2022.12
ISBN 978-7-5166-6647-0

Ⅰ. ①意… Ⅱ. ①梁… Ⅲ. ①旅游地理 – 意大利
Ⅳ. ①K954.69

中国版本图书馆CIP数据核字（2022）第238324号

意大利旅游地理

作　　者：梁留科　等

责任编辑：蒋小云　　　　　　　　封面设计：马静静

出版发行：新华出版社
地　　址：北京石景山区京原路8号　邮　　编：100040
网　　址：http : //www.xinhuapub.com
经　　销：新华书店
　　　　　新华出版社天猫旗舰店、京东旗舰店及各大网店
购书热线：010-63077122　　　中国新闻书店购书热线：010-63072012

照　　排：北京亚吉飞数码科技有限公司
印　　刷：北京亚吉飞数码科技有限公司
成品尺寸：170mm×240mm　　　1/16
印　　张：15.5　　　　　　　　字　　数：246千字
版　　次：2023年6月第一版　　印　　次：2023年6月第一次印刷
书　　号：ISBN 978-7-5166-6647-0
定　　价：86.00元

　　意大利位于欧洲南部地中海北岸，旅游资源丰富且旅游业高度发达。意大利自然类型的旅游吸引物以冰山、岛屿为主，人文类型的旅游吸引物以宗教、文化为主。意大利很好地发挥了世界遗产资源丰富的优势，将本国的旅游业打造成为支柱产业，对本国GDP的贡献率超过10%。随着我国"一带一路"战略逐步推行，意大利加入"一带一路"促进了中意两国之间的合作，又为旅游发展提供了良好的平台。至2020年，中国与意大利两国建交50周年，又是两国建立全面战略合作伙伴关系15周年。基于此，对意大利的旅游研究具有重大意义，近些年我国对于国际旅游的研究逐渐升温，但研究从数量上、内容上都比较匮乏，意大利是中国游客出境游的最热门的旅游目的地之一，作者着手写《意大利旅游地理》这本书，以意大利为研究区域有一定的典型性，可以扩宽跨境旅游视野，满足国内外旅游需求。

　　本书共分为十章。第一章简单介绍旅游地理学的产生、发展与研究内容。第二章详细阐述了意大利的自然旅游资源，包括山地、水体、气象和生物等旅游资源。第三章详细介绍了意大利的人文旅游资源，包括建筑、文化遗产、园林和民俗等。第四章阐述了意大利旅游市场。第五章介绍了意大利旅游交通。第六章对意大利旅游资源开发与保护的相关知识进行了阐述。第七章分析了意大利旅游发展现状，包括入境游和出境游。第八章简单介绍了意大利旅游规划。第九章总结了意大利四大分区的旅游资源。第十章介绍了意大利最经典的旅游线路。

本书依托的项目和平台：教育部国别与区域研究中心意大利中心；智慧旅游河南省协同创新中心；旅游管理河南省特色骨干学科；河南省智慧城市国际联合实验室；旅游管理国家级一流本科专业建设点。项目：国家自然科学基金（42071198）；教育部高校国别和区域研究2020年度课题（2020-N32）。

感谢洛阳师范学院意大利研究中心王蒙和宋艺豪的支持和帮助。本书在资料收集和整理中得到李乐琪、孟子楚、魏寒冰、耿莹莹、刘芮庆、翟澳辉、王悦妍、张艺培、许寿战、孙影影、彭东慧、石伟英、邱亚鹏、李艺曼、孟焕、张超越、郝婷、买哲的支持。

由于作者水平所限以及时间仓促，书中难免存在错误和不足之处，敬请读者批评指正。

作者
2022年4月

目 录
contents

第一章

意大利旅游地理学的基本概念

旅游地理学是为满足大众旅游和旅游业发展的需要而产生的，它运用地理学的理论知识，开展以区域旅游开发为中心的科学研究。此外，旅游地理学是一门研究人类旅游、休闲和娱乐与地理环境及社会经济发展之间关系的学科，具有区域性、综合性、应用性和交叉性的特点。

第一节　意大利旅游地理概述

意大利旅游地理主要围绕意大利的自然地理和人文地理两个方面展开，结合意大利的旅游资源，对意大利的自然旅游资源、人文旅游资源、旅游市场、旅游交通、旅游开发与保护、旅游发展现状、旅游规划以及意大利四大分区旅游资源等层次进行介绍分析，从而为意大利经典旅游线路提出建议。

意大利，全称意大利共和国（The Republic of Italy）。意大利共和国是地中海一个美丽的半岛国家，除亚平宁半岛外，还包括20多个岛屿，其中西西里岛和撒丁岛较大。意大利位于欧洲的南部，国土总面积301333平方公里，它主要由靴子半岛——亚平宁半岛和地中海的两个大岛——西西里岛和萨丁岛组成。东、南、西三面分别被亚得里亚海、伊奥尼亚海、第勒尼安海环绕，海岸线长7200多公里；在半岛北部则以白雪皑皑的阿尔卑斯山为屏障，西北与法国、摩纳哥、瑞士毗邻，东北与奥地利、斯洛文尼亚接壤，边境线长约1900公里。意大利处于温带，属于大陆性与地中海式的混合气候，夏季干旱少雨，冬季湿润多雨。年平均气温1月为2℃～10℃，7月为23℃～26℃，四季分明且气候温和，地区间气候差异较大。11月到4月雨水较多，年降水量约500～1000毫米；5月到10月之间气候较为适宜，最适合旅游。意大利山地面积占国土面积的90%，亚平宁山脉贯穿国土中央。维苏威火山是位于意大利南部的那不勒斯湾的著名活火山，海拔1277米。埃特纳火山是欧洲最高的活火山，海拔3340米，位于西西里岛。梵蒂冈是位于意大利首都罗马市西北角的宗教国家，面积只有0.44平方公里。圣马力诺是意大利境内的一个独立主权国家，面积61平方公里，陶瓷制品是它的手工业典型产品，并且以邮票、硬币和葡萄酒而闻名于世。

意大利首都罗马，是古罗马帝国的发源地，从公元8世纪起就是天主教的中心，现在则是全国政治、文化和交通的中心。其他著名的城市有米兰、威尼斯、佛罗伦萨、那不勒斯、都灵、热那亚、巴勒莫等。人们习惯把意大利分为几部分，米兰是北意大利的主要城市，托斯卡纳州及旧教皇王国统治的各州属于中意大利，而通常把旧那不勒斯王国统治的各州叫作南意大利。南部的西西里岛是意大利乃至地中海最大的岛屿，西部是撒丁王国的旧地撒丁岛，小岛屿星罗棋布。意大利南北风光截然不同，北部的阿尔卑斯山区终年积雪、风姿绰约，南部的西西里岛阳光充足而又清爽宜人，一年四季，意大利的任何角落，都不会令人失望。

意大利的旅游资源非常丰富。意大利作为古罗马帝国和文艺复兴的发祥地，拥有众多的人文景观。意大利是世界艺术的宝库，其绘画、雕塑和建筑艺术，在世界文化史上具有巨大影响。意大利到处有数不清的文化遗迹，有"露天博物馆"之称。据联合国教科文组织统计，意大利拥有全世界60%～70%的历史、考古及艺术资源。在历史上，意大利曾诞生了斯巴达克斯、但丁、米开朗琪罗、达·芬奇、伽利略、马可·波罗等伟大人物。同样在这块土地上，也出现了恺撒大帝、墨索里尼等闻名于世的暴君。这里，还有洋溢着激情的世界著名现代歌手，有世界最高水平的足球赛。所有这些都吸引了来自世界各地的游客。

意大利全国有1296个旅游景点，大体分为四类：第一，文化古迹和艺术遗产。意大利有历史名城、著名古迹400多处。第二，地中海沿海浴场。意大利海岸线长达7000多公里，有理想的海滨浴场和风景秀丽的地中海景色，这类旅游点有300多处。第三，北部阿尔卑斯山旅游胜地。这里景色美丽，夏季是避暑的好地方，冬季又是世界一流的天然滑雪场，有100多个旅游景点。第四，温泉疗养地。意大利有100多处温泉，温泉的数量为欧洲之最，是著名的疗养胜地，这样的旅游点有200多处。

意大利有许多世界驰名的城市和旅游区，如罗马、威尼斯、佛罗伦萨、米兰、都灵、比萨、那不勒斯、庞贝古城等。意大利首都罗马有无数古迹和废墟；佛罗伦萨是意大利文艺复兴的摇篮，处处保留中古的气氛；比萨以比萨斜塔闻名于世，物理学家伽利略在这里诞生；威尼斯风景秀丽，是世界著名的水城；那不勒斯是南部风光明媚的港口城市，与悉尼、里约热内卢并列为世界三大美港；还有庞贝古城遗迹，罗密欧与朱丽叶的"故乡"维罗纳等；位于阿尔卑斯山峡谷中的瓦尔卡莫尼卡是"世界文化遗产"之一。

意大利的阿尔卑斯山是意大利最为典型的山地旅游资源，阿尔卑斯山是欧洲的名山，山间多峡谷和湖泊，并有许多游览观光缆车。这里湖光山色，风景秀丽，周围有美丽的古城与游览胜地。山地附近的加尔达湖、马乔列湖和科莫湖，是著名的旅游风景区。加尔达湖是意大利第一大湖，湖沿岸有许多小城镇和旅游风景区，这里气候温和，有地中海风光之特色。意大利第二大湖——马乔列湖，一派南国风光，是意大利最美丽的湖泊。湖中的美丽岛、母亲岛和渔夫岛都是著名的旅游景点。沿湖岸有不少城镇依山傍水而建，花园别墅众多。科莫湖靠近瑞士边界，周围有不少漂亮的花园别墅。科莫湖周围多山，风景秀丽。人们来此旅游，交通方便，有火车和长途巴士通往意大利各地与瑞士。科尔蒂纳位于东北部多洛米蒂山脉的谷地，是一个只有8000户居民的小镇，1956年冬季奥林匹克运动会就在这里举行。随着滑雪运动的流行，科尔蒂纳建有三个滑雪中心：托菲尼、洁罗里瓦和克里斯塔洛山，形成一个60多公里长的运动场地，成为滑雪者的乐园。这里修建了登山缆车，可乘缆车到滑雪练习场。瓦尔卡莫尼卡（Walcamonika）岩画群是在意大利的阿尔卑斯山峡谷中发现的。这是一条长达70公里的峡谷，在峡谷里2400块巨大岩石上，刻有14万幅岩画。据考证，这些岩画最早可追溯到1万年以前，最迟也在公元初，前后持续了大约8000年。画面中，有一些典礼、祭祀亡灵、舞蹈和其他一些社会活动的场景，线条粗犷有力，画面丰富生动。这些岩画为研究史前人类的习俗、生活和思想，提供了极为珍贵的资料，1980年被列入《世界文化遗产名录》。

意大利拥有悠久的历史和灿烂的文化，拥有卓越的艺术、文学和建筑作品，众多的艺术大师们将整个意大利装点得如同一个硕大的博物馆，为世人留下了最伟大的遗产。14世纪，意大利没有外族人的干预，在城邦政治盛行的历史背景下，新思想、新文化不断涌现，形成了一种全新的艺术风格。到15世纪，经济、政治和文化的发展为文艺复兴提供了舞台，展示了前所未有的文化和艺术的巨大成就。早期的文艺复兴是以佛罗伦萨为中心，因此佛罗伦萨城被当作"新罗马"，公共场所艺术作品到处可见。14至15世纪意大利的文学艺术空前繁荣，诗歌、绘画、雕刻、建筑、音乐等各方面都取得了突出成就，成为欧洲"文艺复兴"的摇篮。诗人但丁和作家薄伽丘是意大利文学的奠基人，也是文艺复兴运动的先驱。文艺复兴的鼎盛时期孕育了整个人类艺术史上的一些最为杰出的艺术大师，如达·芬奇、米开朗琪罗、拉斐尔等。古罗马文化是世界古典文化中的瑰宝，它继承了古希腊文化等，在哲学、文学、建筑等方面，为全人类创造了巨大的精神财富。

意大利是世界闻名的旅游大国，旅游业发达。游客总数仅次于美国和西班牙，居世界第三位。近年来，意大利每年接待3.9亿外国游客，旅游收入高达300亿美元，成为意大利最重要的经济来源之一。意大利的旅游设施良好，旅游接待能力仅次于美国。在4万多家酒店、旅馆中，五星级有70多家，四星级有1000多家。这类豪华酒店，除客房、餐厅外，还有许多娱乐休闲设施，如游泳池、网球场、健身房、舞厅、酒吧，以及银行、邮局、美容室、桑拿浴、商店等。意大利的旅游设施除各种酒店、旅馆和公寓外，现在还出现了旅游村、出租客房、帐篷、宿营汽车等。近几年，在意大利的撒丁岛，旅游者可通过旅行社的安排，住进撒丁岛农舍，进行农家观光游。农家小院房屋的摆设、用品都是有浓厚民族色彩的手工艺品，外国游客在这里，可以穿当地的民族服装，开展如骑马、射箭、捕鱼、养羊等活动，享受如诗如画的田园风情。意大利政府很重视发展旅游业，多年来旅游景区的开发工作卓有成效。意大利交通方便，全国铁路已电气化，高速公路的长度在西欧仅次于德国，航海、航空业发达。意大利总体旅游服务质量高，如在旅游交通、餐饮、旅馆、旅行社等方面做得很好，这些都是意大利成为世界旅游大国的基础条件，也是促进意大利旅游地理发展的一系列重要因素。

第二节　意大利旅游地理学的产生与演变

意大利地理学的起源很早，早在19世纪中叶就已经成立了地理系和地理学，开始了有组织的、专门性的研究工作。进入20世纪后，意大利的地理学研究进入繁荣时期，而且这一时期采用的研究方法主要是实证主义方法。第二次世界大战期间，由于意大利政府更偏重于哲学和历史学的发展，因而地理学的发展受到限制。但这一时期，地理学仍有一定的发展，而且出现了政治地理学的研究方向。在战争结束后，意大利的地理学再次获得了发展机遇，并逐渐跟上了国际地理学的发展脚步。近现代以来，意大利的地理学加速发展，逐渐衍生出文化地理学，旅游地理学也由此得到发展。

大约在13世纪时，就有意大利教士出使蒙古，从而将东方的一些见闻传入意大利，丰富了意大利人关于东方的知识。不过，直到意大利旅行家马可·波罗（Marco Polo，1254—1324）游历中国并撰写了著名的《马可·波罗行记》一书后，西方人才真正对东方产生了极大兴趣，并受到了很大震撼。《马可·波罗行记》对包括中国在内的亚洲进行了详细介绍，涉及地理、政治、经济、文化、宗教、民俗等很多方面，使当时的欧洲对东方世界有了较为深刻、全面的认知。同时，《马可·波罗行记》中的记载，引起了西方人对东方的想象与向往。因此，自马可·波罗之后，不断有意大利人前往东方旅行，较为著名的有蒙特·科维诺（Monte Corvino，1247—1328）曾在伊朗、印度和中国游历，并在中国居住多年，从事传教工作；鄂多立克（Odoric of Pordenone，约1286—1331）曾在14世纪二三十年代游历东方，到过的国家有伊朗、印度、印尼、中国等；马黎诺里（Giovanni dei Marignoli，约1290—？）曾在14世纪40年代被教皇派往中国；尼科罗·康蒂（Nicolo de Conti）是一位威尼斯商人，15世纪20—40年代曾在多个东方国家游历并经商，主要涉及的国家和地区有伊朗、印度、南洋等；斯蒂凡诺（Stephano）是一位热那亚商人，在15世纪90年代曾到印度、东南亚游历并经商；等等。这些意大利人在前往东方游历传教或经商的过程中，留下了不少的游记、报道、信件和日记等，在一定程度上对《马可·波罗行记》的不足进行了弥补。比如，《马可·波罗行记》中未涉及中国妇女缠足的习俗，而鄂多立克的《东游录》中对这一习俗进行了描述；尼科罗·康蒂在其忏悔录中，提到了绕航非洲可能抵达东方香料群岛的猜想，而这一猜想最终由意大利航海家哥伦布（Cristoforo Colombo，约1451—1506）得到证实，自此开始了西方国家殖民东方国家的历史。

在进入15世纪后，意大利人对于东方的幻想更为迫切。15世纪50年代，意大利已经造出来三桅轻快帆船。此后，葡萄牙人在意大利人造船技术的基础上，设计制造了一种新型帆船——卡拉纬尔。这种帆船相比意大利制造的轻快帆船来说有了很大进步：船体更为轻巧，船速也大大加快，在顺风的情况下可达每小时22公里；结合使用了三角帆和方帆，因而能够更有效地改变方向；易于进行操作，而且更适合进行远航。这种帆船曾被葡萄牙航海家亨利王子所使用，他曾在非洲西海岸航行。后来，船尾舵出现，并取代了桨橹，这使得航行方向的操作更为容易。在造船技术发展的同时，意大利的地图绘制业也有了很大发展。而意大利地图绘制业的发展，与托勒密《地理学》一书的传播有着密不可分的关系。托勒密在《地理学》中制作了小的比例尺，使得意大利绘制的世界地图的品质大大提高。与此同时，托勒密将亚洲向东大大延伸，使得亚洲东端与欧洲西端未知地区的范围大大缩小。当时，这是托勒密绘制地图时出现的一个失误，但正是这一失误，使得哥伦布以地圆说理论为基础提出了沿着大西洋向西航行可以到达远东的主张。而哥伦布在实践这一主张后，确实发现了新的大陆。此外，托勒密主张亚非大陆相连说，这为印度洋航线的发现以及澳洲大陆的发现等提供了重要依据。

15—17世纪，西方出现了很多远洋探险家，其中占据重要地位的是意大利籍的航海家。而在意大利籍航海家中，又以哥伦布最为著名。哥伦布出生于对海洋探险有着极大热情的热那亚共和国，从小对地理和航海等有着浓厚的兴趣。他也喜欢阅读托勒密等人的地理著作，还深信地圆说，认为从葡萄牙向西航行就可以到达印度与中国，而且相信航行线路是比较简捷的。后来，哥伦布在佛罗伦萨人托斯卡内利（Paolo Toscanelli，?—1482）的影响下制定了航行计划。托斯卡内利是15世纪后期意大利著名的天文学者，他对马可·波罗记述的准确性持肯定的态度，也认为亚洲的东边与葡萄牙的距离比其他人所设想的要近。于是，他在1474年向葡萄牙国王呈递了一封信件，信中表明了自己的观点，并附上了一幅他亲自绘制的航海图。在该航海图上，托斯卡内利不仅将经圈和纬圈绘制出来，而且绘制出船从葡萄牙向西航行后可以登陆的各个地点，指出了到达中国的航线。托斯卡内利在指出去往中国的航线时，指出了一条首要航线和一条备选航线。其中，首要航线是从里斯本向正西航行5000海里即可到达中国；备选航线是经安第利亚岛航行200海里，先到达日本岛再到达中国。托斯卡内利还指出，备选航线要经过的海洋是不够开阔的。对于托斯卡内利的信件以及他在信件中附上的航海图，葡萄牙国王并未给予重视，更没有去实践。不过，哥伦布在获得这封信件的抄件后，认为自己获得了一件宝物。他认同托斯卡内利的观点，认为从欧洲航行，经过一个大洋就可以到达中国、印度，而且认为从欧洲向西航行比向东航行距离要短。因此，哥伦布制定了自己的西航计划。正因为如此，很多研究者认为哥伦布的航行计划与托斯卡内利有着密切的关系。航行计划制定好后，哥伦布在西班牙国王的赞助下开始了航行实践。他在1492—1504年间，先后四次横渡大西洋，到达过西印度群岛、中美、南美东岸之地。可以说，哥伦布的航行实践是欧洲发现美洲的开端，也在很大程度上改变了世界历史。同时，哥伦布的航行实践证明了地圆学说，使得很多错误的观念被纠正。因此，哥伦布的航行实践不仅是世界历史上的一件大事，也是地理科学研究上的一大革命。在哥伦布之后，还有很多意大利人致力于海洋探险。比如，他的弟弟巴托洛缪曾在1488年参加了迪亚士（Bartolomeu Dias）绕过非洲进入印度洋的航行。

意大利的地理学既不与国外的学派彻底隔绝，也不完全受国外学派的影响。过去，国际交流是不平衡的。有些外国学者的观点很容易地传了进来，而另一些外国学者的观点却莫名其妙地被拒之门外或推迟很长一段时间才被介绍进来。20世纪初叶意大利地理学主要受德国拉采尔学派的影响。20世纪20年代，法国学派的观点传入意大利，并在这之后的几十年内逐渐占据了主导地位，对意大利地理学发展影响时间较长。1964年，全国地理大会选择1911年法国学派的各种观点作为大会议论的主题。20世纪70年代，随着对传统描述性的地理的激烈批评，一个新的时期开始了。这场争论非常激烈以至于在1971年到1980年之间，地理学界分裂成几个派别。辩论导致了两个重要的转折点，即1978年地理民主（"民主"在这里的意思是激进）会议和1980年瓦尔斯会议（在这次会议上，各种学派可以提出自己的观点）。

激进的地理学者在会议上指出了意大利地理学的弱点。他们批评意大利地理学无法解决许多社会问题。然而这次会议也没有拿出新的、能站得住脚的解决办法。激进刊物《Erodoto》只办了几年就销声匿迹了。1980年以后激进地理学派的势力逐渐减弱了。留在人们印象中的只是对老的描述性地理学——"原教旨主义者或实证主义者与历史学者或改良主义者的混合物"——尖锐批评和呼吁人们注意研究新的方法来解决实际领域中的问题。

1980年的会议，在理论上辩论得比较深入。大家广泛探讨了各种不同的观点。会议有四个议题：意大利地理科研的组织结构；科研的部门划分和问题；方法论和认识论以及意大利地理学与现代社会。这个会议不仅仅是汇报意大利地理学的现状，而且是一次大的不同观点的冲突。在一定意义上讲，这种冲突是有益的。例如，对地理科研组织的尖锐批评促进了几个非正式研究部门的产生。这场辩论使与会者感到满意，消除了理论上的不稳定和思想观念上的极端主义。从那时起，全国地理大会恢复了它定期的活动并开始重视研究周围世界的变化以解决一些实际问题。着眼于地中海问题，1983年在卡塔尼亚（Catania）举行的大会主题是"2000年的意大利"。1986年都灵（Turin）大会集中讨论了"经济、交通在地区间的变化"，特别是侧重那些工业地区的变化过程。

随后，意大利的一些数量地理学家像美国和世界其他国家的数量地理学者们一样，改变了研究重心。第一个把数量地理引进意大利的Giuseppe Demateis，步着Bunge、Harvey和Ollson的后尘，经过对地理学进行哲学上的深入思考，认为空间是社会和经济关系的一种隐喻，声称这是地理学在描述过程中更加强大的动力。其他人热衷于将数量地理学转向区域科学和地理系统方法。

近现代以来，意大利地理学某些研究方向得到了进一步发展，而有些研究却相对受到限制而难以发展。如农业地理学，它的衰落是由于从事农业生产活动的只剩下个别的少数民族。由于否定了极化理论，工业地理学也不景气。经济状况的不断变化，当然要影响到经济地理学家，使他们的兴奋点也不断转移。当第二产业变得不那么重要的时候，人们又把注意力转到第三产业及其变革过程中。而之前还有很多人热衷的城市地理学，也开始"降温"了。人口地理学相对已经十分活跃，除了历史描述的方法，计量技术以及新的调查研究形成也引起了人们更多的注意。自然地理学家则侧重于对地貌结构和地貌形态理论的研究，尤其是对后者的研究。因此，气候学和关于侵蚀的研究得到了突出的发展，同时人类自身在塑造地理环境中的作用也引起了注意。医学地理和文化行为地理在意大利地理学界是新的并且仍然是小的分支。文化地理学可与环境科学联系起来，至少在应用人文主义方法这方面存在这种联系，文化地理学是介于人文地理学和社会人类学的边缘逐步发展起来的，文化地理学是探讨各种人文现象的地理分布、扩散和变化，以及人类社会活动的地域结构的形成和发展规律的一门学科。"人文"二字与自然地理学的"自然"二字相对应，泛指各种社会、政治、经济和文化现象。人文地理学一般有广义与狭义之分，广义的人文地理学包括社会文化地理学、政治地理学、经济地理学以及旅游地理学等。渐渐地，意大利的旅游地理也随之发展起来。

意大利在发展旅游的过程中，很早就关注到地理学这一旅游现象，并开展了专门的地理学研究工作。而最早开始研究旅游地理的，是美国。美国在20世纪20年代就已经开始了专门的旅游地理研究工作，而且旅游地理的研究很快传入其他国家，引起了其他国家的重视。在经过百年的发展后，旅游地理研究已获得了不少成就，还形成了专门的旅游地理学学科。如今，这一学科已经形成了较为完善的学科体系。旅游地理学属于人文地理学的分支，重在研究人类旅游与地理环境的关系，对于人们科学地认知旅游活动具有积极的意义。同时，旅游地理学在发展的过程中与社会学、民俗学、考古学、经济学等其他学科都有着密切的关系，相互促进，共同发展。

旅游的出现，与社会生产力水平的提升有着密不可分的关系。社会生产力水平提高了，自然出现了剩余劳动，旅游活动也随之出现了。在20世纪80

年代后期，世界旅游业已获得了较快发展，参与旅游业的人数在40亿左右，旅游业总收入已在1万亿美元以上。至此，旅游业成为世界各国经济发展的一个重要组成部分。

自20世纪20年代开始，现代旅游地理学的研究逐步发展起来。与现代旅游地理学相关的第一篇文章，是《休闲活动与土地利用之间的关系》，其作者是麦克默里。1935年，英国地理学家布朗提出应重视旅游业的发展，加大对旅游业的关注与研究力度。与此同时，他与詹姆斯和卡尔森一起探讨了一些与旅游相关的概念，有旅游业的价值、旅游业的形式、旅游设施的界定等。进入20世纪40年代后，伊塞林和德塞分析了旅游流。20世纪50年代，德国联邦地理学家哈恩从自然、停留时间和游客季节变化等方面对德国联邦旅游目的地的类型进行了划分。然而，这一时期的旅游地理学著作多是对旅游景点的描述，或是对旅游价值的探讨，很少会涉及旅游地理学的基本理论。

20世纪60年代以来，旅游地理学的学科属性和理论问题越来越受到人们的关注。1964年，加拿大地理学家沃尔夫指出，旅游地理与经济地理是分离的，可以从不同的角度进行研究。英国地理学家罗宾逊认为旅游地理学是一门应用地理学。20世纪70年代以来，鲁珀特等人以联邦德国为例，对旅游市场和旅游业的定位进行了分析和研究。在此期间，法国规划并建造了地中海沿岸的沼泽和沙丘，并成功地建造了一个迷人的国际海滨度假胜地。国际地理联盟（IGU）和国际地理大会开始关注旅游业和娱乐地理学。20世纪80年代中期以来，意大利旅游地理学的跨学科、多视角研究使得其研究领域不断拓展，包括旅游产生条件及其地理背景、旅游者行为规律、旅游需求预测、旅游通道、旅游资源、旅游地演化规律、旅游环境容量、旅游区划与规划、旅游开发的区域影响、旅游可持续发展等。旅游地理学已成为一门服务于人类生活、旅游产业和社会经济发展的应用性较强的学科。意大利的旅游地理学者也在借鉴国内外相关研究理论与方法的基础上开展了大量的研究工作。

第三节 意大利旅游地理学的研究内容

旅游地理学是一门重要的学科，是将自然学科与人文学科紧密联系的学科，人文和地理的关系是其研究的重点内容，结合旅游地理学科的特点和相关旅游地理学家的建议，旅游地理学应该从实际出发，汲取传统人文地理学的优点，从长远的角度出发，选择具有发展潜力的产业。

旅游的三大要素包括：旅游主体（旅客）、旅游对象（旅游景点、休闲活动等）、旅游设施或旅游媒介（旅游宣传、组织、交通和接待等）。广义旅游地理学研究的主要内容包括：旅游的成因和地理背景，旅游者分布和流通的区域规律，旅游资源的分类、评价、保护、开发和利用示范，旅游区（点）建设的设计与规划，旅游地域规划与旅游线路设计，旅游开发对区域经济综合体形成的影响等。而对于意大利的旅游地理学的研究更为细致，主要围绕旅游目的地、旅游者行为、旅游影响、生态旅游与可持续旅游、旅游市场营销、旅游交通、旅游教育以及旅游发展与规划八个方面来研究。

一、旅游目的地研究

在旅游地理学的研究中，最为核心的研究对象便是旅游目的地。意大利的旅游业发展比较早且发展较快，而且意大利旅游目的地的研究涉及多方面的内容，有城市、乡村、山岳、海滨、湖泊、岛屿等，同时还涉及战场、边境等一些特殊的旅游目的地。

旅游目的地不同，其研究的重点内容也有所差异。具体来看，针对城市这一旅游目的地的研究，重在研究三方面的内容：一是城市旅游的产品；二是旅游者对于城市旅游产品的满意程度；三是城市旅游地的转型与升级。针对乡村这一旅游目的地的研究，重在研究三方面的内容：一是乡村旅游目的地的发展潜力；二是乡村旅游发展中面临的就业问题；三是乡村旅游发展中面临的土地所有权问题。由于乡村旅游业相比城市旅游业而言，面临着更多的发展问题，因而意大利在开展旅游地理研究时，对乡村旅游目的地给予了更多关注。针对山岳、海滨、湖泊、岛屿等旅游目的地的研究，也重在研究三方面的内容：一是旅游目的地的演化过程与演化机制；二是旅游目的地的社区对于旅游业发展的影响；三是旅游目的地的开发、利用与保护等。关于特殊旅游目的地的研究，在当前被更多的旅游地理学者所关注，对于旅游者也有着更大的吸引力。

二、旅游者行为研究

在旅游地理学的研究中，旅游者行为也是一项重要的研究内容。在研究旅游者行为时，重在通过对旅游者在目的地的时空行为进行记录与模拟，揭示旅游者行为的内在机理，为进一步规划旅游发展、做好旅游管理决策提供重要的依据。

在研究旅游者行为时通常会涉及大中小三种尺度，而且研究尺度不同，研究的侧重点、研究的方法也有所差异。就意大利旅游者行为研究而言，大尺度旅游者行为的研究，侧重点在意大利旅游者整体的行为；中尺度旅游者行为的研究，侧重点在对城市层级目的地内部的旅游者来源及其行为差异进行研究；小尺度旅游者行为的研究，侧重点在旅游者对于景点、公园等的情感与体验。

在当前，伴随着信息技术的发展，旅游者行为的研究逐渐转向中小尺度的旅游者行为研究。这是因为，中小尺度的旅游者行为研究相比大尺度的旅游者行为研究来说，可以借助于多元化的追踪手段（如GPS、通信基站、照片、视频等）获得更多精准的、实时的位置数据，从而能够在刻画与分析旅游者的行为时更为细致、客观和即时。

三、旅游影响研究

在旅游地理学的研究中，旅游影响也是一项重要的研究内容。而在开展这项研究工作时，具体可从以下几方面着手。

第一，旅游经济影响。在当前旅游经济影响的研究中，主要存在两种观点：一种观点认为旅游的发展能够帮助国家扩大就业，促进国家经济的发展；另一种观点认为，旅游的发展并不能减轻贫困，还有可能拉大社会贫富差距，只有在人口条件合适的情况下才可能产生正面的经济效益。

第二，旅游社会影响。在对旅游社会影响进行研究时，多是通过问卷调查或是访谈的方式来进行的，而且侧重于研究旅游活动对居民感知、文化传统以及地方认同等的影响。

第三，旅游环境影响。当前在对旅游环境影响进行研究时，侧重点在旅游业特别是旅游交通对自然环境的影响方面。

四、生态旅游与可持续旅游研究

在旅游地理学的研究中，生态旅游与可持续旅游也是一项重要的内容。在当前，学术界对于生态旅游与可持续旅游的定义还未形成一致意见，但都认为发展生态旅游与可持续旅游是很有必要的。

在当前关于生态旅游与可持续旅游的研究中，研究的重点有两个：一个是大众旅游向生态旅游、可持续旅游转变的可行路径；另一个是生态旅游与可持续旅游的发展成效。大众旅游存在环境弊端，而生态旅游与可持续旅游被认为能够克服这一环境弊端。但是，对于生态旅游是否真的"生态"、可持续旅游是否真的"可持续"，当前还有较大争议。Shani等认为在发展生态旅游时可以建设人工鱼礁，而且认为这对于海洋生态环境的改善具有积极意义，还能提高旅游者的潜水体验。可是，Sarrasin通过对马达加斯加的生态旅游进行研究发现，其不仅没有使当地自然资源退化的现实得到扭转，还造成了一些负面影响。Braden和Prudnikova指出，在一些地区，生态旅游与可持续旅游仅仅被当作一种营销工具，并未真正发挥其作用。因此，关于生态旅游与可持续旅游的研究还应进一步深入。

五、旅游市场营销研究

旅游市场营销研究也是旅游地理学研究的一项重要内容。在开展这项研究时，要将研究重点放在提高旅游目的地的形象方面。

在对旅游目的地的形象进行研究时，主要从两个方面着手：一是强化旅游目的地的正面形象；二是扭转旅游目的地的负面形象。对于知名旅游胜地来说，强化对其正面形象的营销是比较容易的，而且可以采取多样化的营销手段，如设计新口号、投放广告、制定优惠政策等。旅游目的地的负面形象多是由战争、灾害、贫困等原因造成的，而且负面形象长期存在会导致旅游者对旅游目的地产生不良的刻板印象，继而导致旅游目的地的旅游发展受到限制。因此，积极扭转旅游目的地的负面形象是很有必要的。而在扭转旅游目的地的负面形象时，可以采用两种营销方式：一是直面消极因素，并将其转化为发展的优势，如积极发展战地观光等；二是通过旅游目的地的正面宣传、重大节事的举办、旅游品牌的创建等来转变不良形象。

六、旅游交通研究

旅游与交通之间有着密切的关系。交通的发展能够促进旅游的发展，大多数旅游者会选择到交通便利的地方去旅游，即交通会影响旅游者的旅游目的地空间分布。因此，通过发展交通可以促进旅游的发展，增加旅游收入。此外，旅游对交通也会产生一定的反作用。具体来看，交通会影响旅游者的行为决策，而且旅游目的地的交通状况会影响旅游者的旅游体验，因而旅游地为了吸引更多的旅游者、提升旅游者的满意度、发展旅游经济，会特别重视交通基础设施的建设，这对于区域交通条件的改善是有极大帮助的。

七、旅游教育研究

在开展旅游地理学研究时，也必须重视对旅游教育的研究。作为综合性学科的旅游地理学，重在探究旅游的本质。而旅游地理学专业的学生在学习过程中，不仅能够丰富自己的旅游知识体系，而且能够为毕业后的就业提供重要支撑。基于此，旅游地理教育在当前受到了越来越多的关注。事实上，通过开展旅游地理教育，能够培养众多高素质的旅游专业人才，促进旅游业的可持续发展。此外，在开展旅游地理教育时，既要重视专业核心课程的设置，也不能忽视技能课程，尽可能实现两者的合理设置，以有效地平衡科研与就业的关系，切实促进旅游业在未来的有序发展。

八、旅游发展与规划研究

在当前世界经济的发展中，旅游业已成为一个重要的经济部门，对经济发展的影响越来越重要。在此影响下，社会空间关系发生了较大改变，旅游业发展与规划问题也被越来越多的人所关注。研究旅游发展与规划，既有一定的学术价值，也有重要的社会价值。因此，企业、政府和学界都对这一研究内容投入了很多精力。

旅游是一种增长性产业，但在发展的过程中也会造成一些消极影响。要尽可能降低旅游所带来的消极影响，实现旅游的可持续发展，就必须做好旅游规划工作。

意大利旅游目的地研究已经积累了丰硕的研究成果，但是理论研究仍然落后于旅游开发实践，缺乏系统性的综合研究。旅游作为一种地理、经济和社会文化现象日渐复杂，而旅游目的地作为旅游活动的发生场所，其系统结构和子系统结构与外界环境的关系也随之日益复杂。以系统的观点强化旅游目的地研究，可以更好地关注旅游者、旅游企业和旅游地居民之间的互动关系，对于理解旅游地的复杂性、恢复力以及竞争力也具有重要意义。

第二章

意大利自然旅游资源

　　自然旅游资源指的是未受或基本未受人文干扰，并具有观赏、游览或休息、疗养价值的自然景观与自然环境。意大利是世界旅游大国之一，自然拥有较多的自然旅游资源。

第一节　意大利自然地理环境特征

一、自然地理概况

　　意大利处于北纬36°28′～47°6′、东经6°38′～18°31′之间，位于欧洲南部地中海北岸。它的领土包含阿尔卑斯山南麓和波河平原，亚平宁半岛、西西里岛、撒丁岛以及其他很多岛屿。亚平宁半岛占意大利领土面积的80%。意大利海界占国界线的80%，东、西、南三面临地中海的属海亚得里亚海、伊奥尼亚海和第勒尼安海，并且与阿尔及利亚、马耳他和突尼斯隔海相望。海岸线长约7200多公里。陆地边界北部以阿尔卑斯山为屏障与法国、瑞士、奥地利和斯洛文尼亚接壤。

　　意大利地处欧、亚、非三大洲交汇处，南接非洲大陆海岸，北部阿尔卑斯山脉将其与法国、瑞士、奥地利、克罗地亚隔开；意大利的东、西、南三面临海，浩瀚的地中海几乎被亚平宁半岛和西西里岛分成两个相等的部分。意大利地理位置非常重要，它不仅是欧洲的南大门，还是欧亚非三大陆的桥头堡和跳板。在意大利境内，还有两个主权袖珍国——圣马力诺共和国和梵蒂冈教皇国。

二、地貌轮廓的基本特征

　　意大利是名副其实的山国和岛国，山地和丘陵约占其国土面积的80%。意大利幅员并不辽阔，但地形、地貌和海域却非常复杂。既有美丽的岛屿，秀丽的海滨，也有巍峨的高山、广阔的平原、弯曲的河流和碧波荡漾的湖泊。亚平宁半岛周围的大岛屿有撒丁岛和西西里岛，在其地中海海域内，小岛屿星罗棋布；意大利的北部是阿尔卑斯山山脉，在法、意边境的阿尔卑斯山山脉上有海拔4810米的勃朗峰，为欧洲第二高峰，亚平宁山脉自北朝南斜穿整个半岛；意大利河流众多，波河是意大利最长的河，长652公里，另外，中部有阿迪杰河、台伯河、阿尔若河等主要大河流；阿尔卑斯山脉的冰雪融水由众多小溪汇集在波河后自西北向东南流入地中海，波河把沿河两岸冲积成了意大利最大的平原波河平原，面积约4.6万平方公里，占意大利国土的1/6，波河平原地势平坦，土壤肥沃，气候温和，降雨充足，是意大利的主要农业区，为意大利的天然粮仓；意大利的湖泊星罗棋布，较为集中地分布在意大利北部，较大的湖泊有加尔达湖（367.94平方公里）、马焦雷湖（212.51平方公里）、科莫湖（145.9平方公里）、特拉西梅诺湖（124.29平方公里）与博赛纳湖（113.55平方公里），其中科莫湖因风景秀美而被誉为意大利最美的湖泊。

三、自然地理区划

　　意大利划分为20个一级行政区——大区（Regione），共110个省，8092

个市（镇）。20个大区中有五个是实施特殊法律的自治大区，分别是瓦莱达奥斯塔大区、弗留利-威尼斯朱利亚大区、特伦蒂诺-上阿迪杰大区、西西里大区和撒丁大区。现行意大利的行政代码分为两级：20个大区及其下辖的110个省。其中，20个大区的代码由两个数字组成，110个省的代码由两个字母组成。

第二节 山地旅游资源

一、山地旅游资源的类型

（一）山地旅游的定义

根据世界旅游组织的定义，山地旅游是在有限的地理空间如丘陵、山脉等开展的具有与众不同的特征的旅游活动，并为特定的景观、地形、气候、生物多样性（植物群和动物群）和当地社区所限定。它包含一系列广泛的户外休闲体育运动。

（二）山地旅游资源的主要类型

意大利地形复杂，山地和丘陵约占国土面积的八成。在意大利，山地旅游资源整体分为以下两大类型。

1. 登山滑雪山地

阿尔卑斯山脉是世界著名的山脉，意大利境内的阿尔卑斯山脉是该山脉的南坡，它环意大利北部呈一弧形伸展，最高峰勃朗峰海拔高达4810米。由于阿尔卑斯山山体巨大，形成了独特的高山气候，巨大的山体和高山气候二者相结合使山区冬季严寒，阳光充足，并形成大面积的高质量雪被。由于冬季不易受来自欧洲大陆内部的寒风的侵袭，该地区为滑雪运动提供了许多良好的场地。

阿尔卑斯山脉在意大利境内可划分为西部、中部和东部三个部分，西部

图2-1 勃朗峰日落

地势最为险峻，也是全国最大的滑雪中心（主要位于奥斯塔地区）所在地；中部有一系列雄奇的冰川地形，以及在冰期时受冰川侵蚀作用而形成的众多深邃U形谷地；东部具有一系列陡峭山峰（如马尔莫拉达山，海拔3342米）。总的说来，该山区冰川广布，有大面积高质量雪被，地形奇特，是世界著名的登山滑雪基地。

在亚平宁山脉北部（包括托斯卡纳区、马尔凯区、翁布里亚区），冬季也相当严寒，雪量甚大，因而也能形成一些滑雪中心。

意大利的阿尔卑斯山区虽然地势险峻，但相对于其他许多高山地区，有一显著特点，即山区交通较为方便。瑞士人可经过大圣伯纳德山口、法国人可经过小圣伯纳德等山口、德国人和奥地利人可经过布伦内罗等山口到达此地。山区配套发展了一系列旅游设施和服务中心（如运输设备、营地、冬季物资供应中心等），冬季既可登山，又可以滑雪，而夏季则成为避暑胜地，因此它是世界上最重要的登山、滑雪山地之一，每年都有许多国内外游客到此旅游。而亚平宁北部的滑雪中心地处国土中北部地区，则主要供国内游客使用。

2.观光旅游山地

阿尔卑斯山风景优美，四季景色各异，引人入胜，被誉为"真正的地貌陈列馆"和"大自然的宫殿"，是世界著名的风景区和旅游胜地。阿尔卑斯山是欧洲最大的山地冰川中心，它以挺拔壮丽的身姿装点着欧洲大陆。山区覆盖的冰盖厚达1千米，多种类型的冰川地貌都很发育，其中冰蚀地貌尤为典型，并有许多经冰川侵蚀作用形成的冰蚀崖、冰斗、角峰、悬谷、冰蚀湖等以及冰川堆积作用形成的冰碛地貌。山地冰川呈现迷人的极地风光，是观光旅游胜地。

图2-2　意大利马尔莫拉达山的冬季景色

　　中部亚平宁山脉是意大利半岛的脊梁。由于历史上和近现代地壳不稳定，常有火山喷发。位于半岛中南部的维苏威火山目前处于休眠期，是一座休眠火山，在西西里岛上还有欧洲最大的火山——埃特纳火山（海拔3779米），撒丁岛西部也有火山地形。这些山地火山地貌众多，是一种具有独特特征的观光旅游山地，对旅游者具有极大的吸引力。

　　在阿尔卑斯山脉东部及亚平宁山脉南部，广泛分布着石灰岩、白云岩，具有一系列奇异的喀斯特景观。喀斯特景观在亚平宁山脉南部表现尤其明显，这里保存有溶洞、峰林等多种喀斯特地貌，奇特美丽的喀斯特地貌使这些山地具有重要的旅游观光价值[①]。

二、意大利代表名山

（一）阿尔卑斯山脉

　　阿尔卑斯山脉是欧洲最著名的山脉，位于欧洲中南部，从法国的尼斯附近向北一直延伸至日内瓦湖，然后再向东北伸展到多瑙河上的维也纳。阿尔卑斯山脉呈弧形，东西延绵1200千米，南北宽约130～260千米，平均海拔

3000米左右，有82座海拔超过4000米的山峰，最高峰是位于法国、意大利和瑞士交界处的勃朗峰，海拔为4810米。

阿尔卑斯山脉形成于中生代时期的阿尔卑斯造山运动期间，是古地中海的一部分，1.8亿年前的地球板块运动中，非洲构造板块与欧亚构造板块的碰撞形成了今日阿尔卑斯山脉地形的大概轮廓。阿尔卑斯山脉位于温带和亚热带之间，但它本身具有山地垂直气候特征。阿尔卑斯山脉的植被分布呈现明显的垂直变化。从上到下依次为终年积雪的山峰、裸露的岩石、高山草甸带、针叶林带、混交林带、森林带、亚热带常绿硬叶林带。阿尔卑斯山区的人类活动历史可以追溯到旧石器时代，采矿、凿石、制造及旅游业成为现代阿尔卑斯山区的支柱产业。

图2-3 阿尔卑斯山

（二）亚平宁山脉

亚平宁山脉是呈巨弧形纵向贯穿意大利全境的一条主要山脉，从西北部靠近滨海阿尔卑斯山脉的卡迪波纳山口（Cadibona Pass）起，然后顺亚平宁半岛一直延伸远至西西里岛西边埃加迪群岛（Egadi Islands），总长1400千米左右，宽度为40～200千米，平均高度约1200米，但有很多山峰的高度超过2000米，意大利半岛之上山脉本身的最高点为科尔诺山（Mount Corno），高2912米。

亚平宁山也像阿尔卑斯山一样，是中生代和新生代造山运动的产物，也分为北部、中部和南部三部分，北部一段较窄、较低，中部一段最高、最宽。这一山脉的特点是，构成它的群山断断续续，有些山好像是独立的，山与山之间形成宽阔的山间谷地和盆地，中间有时穿插着一些横向的峡谷。这些山间谷地和盆地往往土地肥沃，水量充沛，适于农耕，很早就成为人类生存的地带，产生了很多村落，逐渐发展成为大大小小的城市，对亚平宁文明的形成具有重要意义，著名的有瓦尔达诺谷地（佛罗伦萨、比萨）、台伯河谷地（罗马）等。

图2-4　意大利亚平宁山脉中部的阿布鲁佐小村庄

亚平宁山脉原来植物茂密，动物种类很多，但由于人类活动，动植物遭到严重破坏，南部特有的亚热带植物和各种珍贵动物大量减少，很多动物濒于灭绝。近年来在亚平宁山各地建立了很多自然保护公园，著名的有阿布鲁佐、卡拉布里亚、奇尔切奥（Circeo）等国家自然保护公园等。这些公园既是野生动植物的保护地，也是对濒临灭绝的动植物进行研究的科研基地，同时也是旅游休闲的地方。

另外，在亚平宁中部和南部也有很多旅游胜地，像罗马附近的大萨索地区就是风光秀丽的地区，夏季凉爽，冬季可滑雪，山顶建有滑雪道和旅馆。

三、意大利山地旅游经典案例

多洛米蒂山是意大利阿尔卑斯山脉北部东段的山群，由18座山峰组成，是全球知名的山地旅游目的地，并于2009年被联合国教科文组织世界遗产委员会批准作为自然遗产列入《世界遗产名录》。

多洛米蒂山是规模庞大、设施完善的户外运动胜地。在春季、夏季和早秋时节，游客们在此可以开展徒步旅行、登山、山地和公路骑行、跳伞、滑翔等运动。当冬季大雪纷飞时，这里又是滑雪爱好者的天堂。

多洛米蒂山拥有纵横交错、四通八达的游步道网络系统，不仅包括长度较短、路面平坦的普通步道，还有位于较高海拔位置的挑战性步道。游客既可以漫步观光，还可以体验高难度的徒步探险。

攀岩和登山运动员通常会选择挑战多洛米蒂山的飞拉达探险运动。多洛米蒂山全部山峰拥有完好的飞拉达运动路线，并为游客提供了覆盖范围全面的缆绳和围栏，以保证游客的安全。除此之外，登山也是众多登山爱好者热衷的运动项目。多洛米蒂山现代化的登山路线由世界传统路线演变而成，拥有悠久的历史。多样的岩石形状和周围连绵起伏的山峰构成了令人惊叹的登山线路网络，其攀登难度不等，不同水平的登山者在这里都可以找到符合自身情况的理想登山地带。

多洛米蒂山也是自行车骑行运动的天堂，天然的地势条件使热衷于公路骑行和山地骑行的游客都可以恣意游行。壮观的山地景象和植被茂盛的峡谷风光为游客打造了不同凡响的骑行体验和视觉感受。

多洛米蒂山还是世界顶级滑雪场 Dolomites Superski 的所在地。游客可以乘坐缆车、电梯直达分布在不同地理位置的 12 处滑雪区域。在海拔较高的地方，修建了为游客提供餐饮和住宿服务的酒店，使游客在体验刺激的滑雪探险运动之余，还可以享受惬意的休闲时光。

多洛米蒂山是意大利、提洛尔人和雷托罗曼人文化相融的交汇处。这里保存着第一世纪罗马人入侵时留下的文化遗迹，特别是至今仍使用拉登语的村镇。数世纪后，在第一次世界大战期间，意大利再次占领了南蒂罗尔，打败了摇摇欲坠的奥匈帝国。直至1938年，该地区才开始实现现代"意大利化"，因此多洛米蒂山的村庄现今是文化、建筑和语言的融合体。在这些村镇中，游客们仍然可以看到由意大利语、德语和拉登语书写的街道标识标牌。在这里，游客可以通过飞拉达或徒步参观不同寻常的露天博物馆，观赏第一次世界大战时期的手工艺品。

图2-5　风光秀丽的意大利多洛米蒂山

此外，多洛米蒂山还因其由浅色石灰岩构成而闻名。每至破晓和日落时分，山体便会染上一层粉红色，接着渐变为暗红色。这一盛景吸引了世界各地的摄影爱好者前来拍摄留念。

多洛米蒂山为游客提供了从简易的山间小屋至五星级奢华酒店等诸多级别的住宿设施，以满足不同游客群体的需求。其中，最具特色的便是山间小屋，它是徒步游客、登山者和滑雪爱好者的经典住宿建筑。每座山间小屋都独具特色与魅力。它们被建在地理位置较高的高地地带，游客们通常只能徒步前往。小屋内提供床上用品、亚麻制品和热水淋浴等。在公共用餐区域，游客们可以享用特色美食，并欣赏多洛米蒂山的全景。

多洛米蒂山与邻近城市架构了便捷的山地旅游交通体系。距离其最近的两座国际机场分别位于意大利威尼斯和奥地利茵斯布鲁克。从这两处机场出发，游客可以选择乘坐火车或公共汽车前往多洛米蒂山。威尼斯马可·波罗国际机场还专为游客开通了公共巴士服务，在一天内设定了固定的发车时间。游客还可自行租车驾驶前往多洛米蒂山，但山区内没有可以停驻车辆的场地，游客需提前做好安排。

第三节　水体旅游资源

一、水体资源与旅游

水体是自然界最活跃的因素之一，以它特有的魅力成为最宝贵的旅游资源；同时，水体也是自然景区和人文景区的重要构景要素，是形成形态差异的景区的基础。因此，水体是旅游资源最重要的组成部分之一。旅游产品的开发、旅游项目的设计，越来越多地注重游客参与的心理需求，水体旅游资源的开发最能够满足游客参与的要求，如游客喜爱的游泳、划船、舢板、帆船、冲浪、漂流、潜水、滑水、垂钓等活动项目，都是不同形式的玩水，都是充满刺激和愉悦的享受。因此，水体资源与旅游的关系十分密切。

二、江河旅游资源

江河是指沿地表浅形低凹部分集中的经常性或周期性水流，较大的叫河或江，较小的叫溪。江河流经地方根据特征分为上游、中游和下游，各自都有其独特的形态和景观。江河水景多分布在大河上中游区，河流水面窄，多同两岸山崖构成山水综合景观，为旅游业的发展提供了丰富的旅游资源。

旅游业的发展离不开江河孕育的美好景观，江河是一种具有多种功能的地理实体。从旅游目的地的角度来看，自然景观和人文景观相结合形成了江河旅游区，如漂流、划船、游泳，以及观赏各种河流风景地貌（如三角洲、河岸、峡谷、跌水等）、文物古迹、滨水建筑物等与河流相关的一切景物；从游客角度来看，江河旅游区是游客最佳的选择，不仅路途近、交通费用相对低，而且在河水中乘游船漫游，见闻多，景点密集，供应物品量质俱佳，易满足旅游者的需要；有些为特殊旅游的发展提供了条件，如河川漂流、源头探险、地下河探险等对旅游者有一种神秘的吸引力。如意大利的威尼斯大运河、波河和阿迪杰河等都蕴藏着丰富的旅游资源，都成为旅游者选择的主要目的地。

（一）威尼斯大运河

威尼斯大运河是意大利威尼斯市主要水道，长4公里、宽30～60米，与177条支流相通，全城由118个小岛组成，城市里共有2300多条水巷，是该市内主要的交通要道。威尼斯大运河沿着天然水道从圣马可教堂到圣基亚拉教堂，形成反S型，把威尼斯市分成两部分。威尼斯的房屋建造独特，地基都淹没在水中，像从水中钻出来似的。在河道的两边，散布着各式各样的古老建筑，既有洛可可式的宫殿，也有摩尔式的住宅，还有众多富丽堂皇的巴洛克和哥特式风格的教堂。文艺复兴时代，许多伟大的艺术家都在这些教堂里面留下了不朽的壁画和油画作品，至今仍吸引着世界各地的无数游客和艺术家。此外，遍及运河两岸的店铺、市场以及银行等，也给这个水上大都市增添了无穷的活力。威尼斯大运河被誉为威尼斯的"水上香榭丽舍大道"，吸引了众多旅游者的眼球。

图2-6　威尼斯大运河

（二）波河

波河是意大利最长的河，发源于意大利与法国交界处科蒂安山脉海拔3841米的维索山，河流全长652千米，流域面积约为7.5万平方千米，横贯国境北部，冲积成波河平原，流经都灵、皮亚琴察等城市。波河左岸有许多大大小小的牛轭湖，集中了意大利几乎所有的大湖泊，其中较大的湖泊有加尔达湖、科莫湖、伊塞奥湖和马焦雷湖等。成排的白杨树在薄雾蒙蒙的野地里若隐若现，狭长的树影笼罩着波河三角洲的流沙，还有入海口处喷涌的河水、沙丘和岛屿。广阔的波河三角洲国立公园是一个延绵234平方公里的国家公园，一直延伸到威尼托区。被称为意大利最甜的地方——都灵，便位于波河的上游。都灵是一座拥有古老历史的工业大都市，有意大利汽车之都、自由的摇篮和巧克力王国之称，不计其数的古典式建筑和巴洛克建筑也汇聚于此。美丽的都灵塔高耸在城市内，树木、河流与城市建筑共同绘成了一幅艳丽的画作，静谧、绝美，令人如痴如醉。波河边有一座左岸公园，园内绿化极为出众，是人们进行体育锻炼、散步的地方。在这里，可以近距离感受波河美丽的风景，也是令旅游者向往的地方。

图2-7 波河

（三）阿迪杰河

阿迪杰河是意大利第二大河，源自北部阿尔卑斯山的两个湖泊，流经韦诺斯塔（Venosta）谷地，在博尔札诺（Bolzano）接纳伊萨尔科河（Isarco River），向南流，在维罗纳（Verona）附近进入波河低地后，折向东南，流入亚得里亚海。阿迪杰河两岸有丰富的旅游资源，一年四季都吸引着游客，如特伦蒂诺-上阿迪杰、古城特伦托和博尔扎诺。

图2-8　阿迪杰河和维多利亚桥（胜利之桥）

特伦蒂诺-上阿迪杰是由特伦蒂诺和上阿迪杰两个不同民族组成的一个大区，历史文化、语言习俗差异很大，是意大利很有特色的地区。特伦蒂诺-上阿迪杰拥有世界上最美的多洛米蒂山和现保存较好的君王城堡，是欧洲著名的旅游度假胜地之一。

古城特伦托坐落在阿迪杰河上游的东岸，早在罗马帝国时期，特伦托就是沿阿迪杰河谷交通线上的驻军要塞。它曾是伦巴第的一个公国和法兰克领地的中心。自1027年起，特伦托长期由政教合一的宗教诸侯统治。在被拿破仑占领后，它于1814年划归奥地利，直到第一次世界大战后由意大利接手。如今这里是德国、奥地利两国南下意大利的铁路、公路交通要站。

博尔扎诺地处阳光充足的阿尔卑斯山南坡，位于阿迪杰河支流伊萨尔科河的北岸，依傍着通向布伦内罗山口的通道。两千年来，一直是北面的德国和奥地利南下意大利的必经之路。现在，城市路标均使用两种语言标识，居民多数都讲德语，老城区的建筑更是带有明显的日耳曼风格。老城区名胜古迹有圣多明我教堂乔托创作的壁画，方济各会教堂宏伟的哥特式祭坛，马雷乔堡藏有市政档案。该市还设有市博物馆和音乐学院。北郊13世纪的朗科洛城堡，建在陡峭的岩石上面，内部的壁画反映了14世纪的宫廷生活。本地居民像奥地利人一样能歌善舞，市政厅前的广场上常常举行露天音乐会。

图2-9 特伦托的圣米歇尔城堡全景

三、湖泊旅游资源

湖泊是在长期的自然地理因素综合演变中形成的一个完整的生态系统，具备形、影、声、色、奇等特点，是水文旅游资源的重要组成部分。各种湖泊有的位于高山，银峰环抱；有的静卧原野，烟波浩淼，像一颗颗光彩夺目的蓝色宝石，镶嵌在世界各地，给秀丽的大自然增添了无限的风采。湖泊旅游资源类型多种多样，在世界各地区分布较为普遍，大多与平原、盆地、河流相联系，周围植被景观较好。大多数淡水湖已开发利用成为文化和交通中心，文化历史较为悠久，湖光水色也为旅游者所仰慕，大多成为一些著名的旅游区。意大利著名的湖泊旅游资源有加尔达湖、马焦雷湖、科莫湖和伊塞奥湖。

（一）加尔达湖

加尔达湖是意大利最大的内陆湖，位于意大利北部，气候温和、水温独特，以阳光充足的海滩和古色古香的城镇、城堡和修道院而闻名。加尔达湖被城镇环绕，崎岖的风景和半透明的水融合了地中海的迷人、山的魅力和未经破坏的自然。因此，该湖泊成为一个热门的旅游景点，有碧绿的南湖岸、紧挨着北面陡峭的斜坡和悬崖、群山映衬下的东侧林荫。加尔多内湖岸拥有最壮观的高地风光，是湖区最优雅的胜地。主要的旅游区域是Rivadel Garda和Torbole-Nago。在维罗纳（Verona）省境内，从Malcesine到Peschiera，湖岸地势趋缓，地中海风情也越来越浓。在Rivadel的50公里长的范围内，遍布设备齐全的岸滩和古老的堡垒，典型的乡村会举行运动会、各种活动和夏日娱乐项目，Gardaland和其他主题公园就在这里。

加尔达湖作为传统的待客胜地，有各种各样的设施满足游客各种要求。从大型饭店到适合家庭的舒适套间，为年轻游客设计的旅馆，甚至是农家旅馆、度假村和野营地。湖畔别具一格的乡村可以让那些寻找安静的度假者们远离喧嚣；充满生活气息的较大城镇适合那些更为活跃的人们；岸滩是携家带口玩耍的理想去处。此外，加尔达湖还有主题公园、水上公园和自然保护区以及意大利最有名的一些夜总会。

（二）马焦雷湖

马焦雷湖位于意大利西北部，是意大利仅次于加尔达湖的第二大湖泊。部分湖域位于瑞士国境内。面积212.5平方公里，最大深度372米。意大利有望族在四面环山、绿丘环抱的马焦雷湖周围构筑城堡并修建花园式别墅，园内有各种颜色的杜鹃花、茶花和八仙花，以及许多其他花种和灌木，给游客带来春天般的感受，是一个令全球游客向往的旅游胜地。充满历史、艺术财富和优美风景的马焦雷湖被法国思想家孟德斯鸠形容为"全球最美的地方"。此外，湖周围的各个小岛屿为马焦雷湖增添了魅力，成为城堡之家的岛屿。

马焦雷湖周围的主要度假城市由渡轮相连，也有不同距离的徒步旅行，使游客自己发现最著名以及少为人知的游览地点。在这里，游客可以参与各种运动，从传统休闲项目到最刺激的活动（悬挂滑翔、划独木舟、风帆冲浪、滑翔伞和滑翔飞翼等）应有尽有，在微风、寂静的柔波和美丽风景的映衬下，马焦雷湖成为全球最理想的航行运动（无论是专业还是业余级别的）场所之一，而大片绿地也吸引着打高尔夫球的人。在偏僻的森林地带，Val Grande国家公园（欧洲最大的保留地）有为最苛刻的徒步旅行者所开辟的小径。除此之外，音乐周、电影节和花展为想要暂离尘嚣的游客提供休息之地。

　　游玩结束可以回到马焦雷湖的大酒店，重新体验"香舍"营造出的氤氲、独特的温暖氛围，新艺术建筑和典雅的设计细节，加上马焦雷湖绚丽多彩的自然背景，令这些豪华酒店显得更加独特，大酒店近旁不乏家庭经营的小旅馆，即便在规模较小的城镇，游客也可以经常观赏湖光水色。因此，马焦雷湖自19世纪以来一直享誉世界。

图2-10　高山湖泊加尔达湖

图2-11 马焦雷湖

（三）科莫湖

科莫湖位于意大利北部，面积146平方公里，是仅次于马焦雷湖的第三大湖。科莫湖属于阿尔卑斯山脉的冰川湖，是世界著名的风景休闲旅游度假胜地，同时也算是意大利最著名、最具有诗情画意的湖泊之一。科莫湖气候温暖潮湿，促进了植物的繁茂生长，湖边还有一些很有历史价值和建筑艺术价值的别墅，成为国际上一些著名影片的取景地，科莫湖也因此而闻名。

科莫湖最著名的Bellagio的赌场饭店，千余喷泉摇曳生姿的"芭蕾水舞"，其创意来自科莫湖的优雅景致。而真正的科莫湖却是内敛的，即使湖面停满白色的豪华游艇，湖水轻轻拍打堤岸的声音依然是婉约优雅的，没有一丝一毫的浮华气息。在苍翠山坡和宝蓝色湖水之间的花岗石岸边，一个个小镇依山傍水而建。罗马帝国时代，这里是王公贵族和名流艺术家们争先修建豪宅别墅的地方，在青山绿水之间，一派阅尽人间繁华之后的高贵沉寂。达官贵人的财富和奢华随时光流逝渐渐散去，而来自传统绘画、雕刻和古典雅致艺术全盛时期伊甸园般的气质却因年代久远而愈加醇厚。相对于名家别墅高高在上的大气派，围绕着科莫湖而建的一座座小镇则是另一番热闹景象。Bellagio位于人字形的科莫湖的中间，傍湖临山而建，似坐落在湖边的小小山城。沿湖岸往山坡上望去，一条条石板小路向上次第延伸，小路两旁则有各种特色小店，售卖当地的传统手工艺品、五颜六色的丝绸制品、各色皮具和流光溢彩的玻璃器皿。科莫湖是历年为全世界最具才华的少年举办国际钢琴大师班的地方，也是全世界最负盛名的丝绸企业曼特罗公司的老家，这里的丝绸制品样样精致无比。

图2-12 科莫湖

（四）伊塞奥湖

伊塞奥湖位于阿尔卑斯山南麓，科莫湖与加尔达湖之间，是意大利北部的湖泊。伊塞奥湖距离布雷西亚30分钟车程，被高山和瀑布环绕，在群山拱卫下的伊塞奥湖水清澈剔透，野鸭成群低飞湖面，沿湖岸有很多垂钓村庄。湖岸的山坡建筑朴实，不像科莫湖那边那么华丽，小船一排排地停泊着，有人在收拾着渔网，有人在岸边读报，偶尔见摩托车在稀疏有人散步的街道上驶过。伊塞奥湖能够提供周到的住宿和方便的交通，同时还保留着小旅馆和餐厅的朴素气氛。通过水上的飘荡帆船、游艇或冲浪板，可以到达湖里圣包罗小岛（San Paolo）和落雷托小岛（Loreto）。碧绿的山群确定湖泊轮廓，湖水环绕的蒙特岛（Montisola）是欧洲最大的湖岛，岛上没有汽车，所以只能坐小公车，或租赁自行车，或坐船，才可以游览这座小岛。岛上的徒步游览，可以发现浪漫的小港口、名胜古迹和狭窄的小路。岛上有切廖拉圣母玛利亚（Madonnadella Ceriola）山顶教堂。湖岸的小庄能够给旅客提供传统的周到接待和先进的旅游组织。伊塞奥（lago d'Iseo）是年轻人的游乐中心，游泳池、冲浪板、帆船、划艇等设施，给旅客意想不到的惊喜。

由于湖泊的水体与河流不同，流动性差，水体循环较慢，一旦污染，很难治理。在开发利用湖泊资源时，应特别注意防止湖水污染，让湖泊为人类提供更多的物质财富，更长久地为人类精神文明服务。

图2-13　伊塞奥湖

四、泉水旅游资源

泉，既可供旅游者饮用，又作为水源，是河流和湖泊的补给者。矿泉是优良的泉水旅游资源。如果水温在34℃以上者（即温泉），除具有一般泉水功能外，还可作为旅游者沐浴、戏水、游泳之用，发挥其疗养保健功效。意大利是一个被温泉覆盖的国家，位于断层带上，板块活动频繁，因此拥有丰富的地热资源。著名的泉水旅游资源有：托斯卡纳区马利亚诺、Pozza "Leonardo da Vinci" Bormio、Le Terme del Bullicame、Baia di Sorgeto Ischia和La Grotta delle Ninfe等。

托斯卡纳区马利亚诺位于意大利托斯卡纳地区的一处天然温泉，是意大利乃至全世界最著名的温泉之一。马利亚诺温泉远离喧嚣、景色秀丽，泉水顺着石灰石呈阶梯式流下，使每个阶梯的池子中都充满着天然的硫磺泉水。无论是冬季还是夏季每天24小时都可以自由出入，温泉水一直稳定在37°C左右。

Pozza "Leonardo da Vinci" Bormio位于伦巴第大区Bormio的"达·芬奇池"，泉水清澈见底，达·芬奇大师曾在这里泡过温泉。

Le Terme del Bullicame位于拉齐奥大区Viterbo的Bullicame温泉，最著名的是其具有多种疗效的温泉水可以滋养皮肤，促进血液循环。而且泉水温度较高，适合秋冬季节前往。

La Grotta delle Ninfe位于卡拉布里亚大区Cerchiara的"宁芙石窟"温泉，在壮观的石灰岩山洞中。森林环绕，山谷之间，恍如仙境。水温虽然不高，全年稳定在30℃左右，但对于治疗皮肤病和关节病有很好的疗效。

五、瀑布旅游资源

瀑布是山水结合、别具风格（形、声、动三态）的旅游资源，它常常形成千岩竞秀、万峰争流、飞泻千仞、银花四溅、蔚为壮观的旅游胜地，自古就为无数人所折服。瀑布与青山、深潭、白云、蓝天、文物、古迹相结合，组成一幅幅动态的图画。瀑布以其宏大的造型、磅礴的气概、咆哮的巨响、洁白的色态吸引勇敢者去进取，促进弱者去锻炼，开拓沉思者的胸怀，给人以勇敢、坚定、果断、健美等品质的陶冶。观瀑是一项诱人的观赏旅游活动，为利用这一特殊资源，许多瀑布对岸岩顶处常建观瀑亭，供游人观赏、休息。其中，马尔莫雷瀑布、阿涅瀑布和Cascata del Serio瀑布是意大利著名的瀑布旅游资源。

（一）马尔莫雷瀑布

马尔莫雷瀑布位于意大利温布里亚大区的特尔尼省，距离特尔尼市7.5公里。马尔莫雷瀑布的落差达165米，是意大利落差最大的瀑布之一，也是欧洲最大的人工瀑布。马尔莫雷瀑布共分为三级，其中第一级是最大的，落

图2-14 马尔莫雷瀑布

差达83米。该瀑布的开凿历史可以追溯至古罗马时期，当时统治该地区的罗马统治者为了疏浚泄洪开始动工凿山搬石，渐渐形成了这瀑布的前身；15世纪、16世纪时，当时的教皇还曾下令在这座瀑布里开凿隧道；到了18世纪，当时的建筑师正式开始动工把它开凿成瀑布；经过几代人的改进，到了公元1910年正式竣工，同时，它还具备了水力发电的功能。

（二）阿涅瀑布

阿涅瀑布被称为意大利第二高的瀑布，1826年的洪灾对蒂沃利最古老地区造成了毁灭性的破坏，几乎摧毁了住宅区的所有房屋。1832年，教皇格雷戈里十六世推动了宏伟的水利工程，采用克莱门特·佛尔奇的建议，开挖长300米、入口处宽10米、出口处宽7.2米、以格雷戈里命名的双隧道，然后阿涅河从这里改道，绕过蒂沃利住宅区，形成今天所见到的高120米、仅次于马莫尔瀑布、在意大利排名落差第二高的阿涅瀑布，瀑布底部的阿涅河流向罗马后汇入台伯河。

（三）Cascata del Serio瀑布

Cascata del Serio瀑布有三级落差，总高度315米，成为欧洲最高且最壮观的瀑布之一。牧羊人和少女的凄美爱情故事为Cascata del Serio瀑布增添了传奇色彩，被称为最具神秘色彩的传奇的瀑布。

六、海滨旅游资源

海滨旅游指在海岸带以内包括海洋、海滨、海滩等进行观赏、游览、休息及各种海上娱乐活动。海岸带旅游资源包括浅滩、沙滩、奇岩巨石、断崖绝壁海岸、众多的岛屿、海底景观、海洋生物以及海上观日出、海上观潮等海岸自然风光；又包括作为人文景观的灯塔、渔港、渔村、码头等，以海岸为旅游活动舞台的海水浴、帆船、游艇、舢板、冲浪、滑水、垂钓以及在海滩上捡蛤蜊、贝壳等活动。海滨气候温暖湿润、夏季凉爽，空气中含有碘和大量的负氧离子，空气清新，可促进人的血液循环，增进身体健康。意大利著名的海滨旅游地有当今世界著名的海滨游览地——利古里亚大区、亚得里亚海滨区和阿马尔菲海岸。

（一）利古里亚大区

利古里亚大区是地中海著名的旅游区，海滨风景优美，阳光充足、气候宜人、旅游胜地众多。五渔村、韦内雷港和帕尔马里亚岛、提诺岛和提内托岛的三个岛屿被列入联合国教科文组织《世界遗产名录》，代表了人与自然的和谐互动，创造了一种独特的风景优美的景观。小城镇的布局和配置，在历史上分层并与海洋相关，周围的梯田的形成克服了陡峭、不平坦地形的缺点，展示了一种已经存在了1000年的传统生活方式，是一个具有突出价值的文化遗址。

1.五渔村

五渔村坐落在起伏的岩石和陡峭的悬崖之间，历史悠久、壮观，五颜六色的乡镇俯瞰地中海，垂直于海岸，梯田的山坡上是世界著名的葡萄园。海滨村庄被农业地势所环绕，色彩丰富、魅力十足、浓郁淳朴，其中蒙特罗索、韦尔纳扎、科尔尼利亚、马纳罗拉和里奥马焦雷构成了五渔村国家公园保护区的一部分。

图2-15　五渔村

蒙特罗索是著名的旅游胜地，其优雅的别墅和美丽的Fegina海滩让人心驰神往。狭窄的街道（被称作caruggi）通往旧城中心，哥特式风格的圣乔瓦尼巴蒂斯塔教区教堂和17世纪的圣弗朗西斯教堂一同耸立，附属于方济嘉布遣会修道院。蒙特罗索也是供奉这片土地上的吟游诗人埃乌杰尼奥·蒙塔莱的"文学公园"的所在地。

图2-16　蒙特罗索

韦尔纳扎是一座美丽的乡镇，围绕着它的小港口发展，在罗马时代就已经广为人知，并且时常有人到访。其特色景点包括海边的小广场和供奉安条克的圣玛格丽特的哥特式两层教堂。从上方俯视韦尔纳扎的是多利亚城堡，它是为抵御海军攻击而建造的。它拥有一座瞭望塔，被认为是在通往科尔尼利亚的步行道上建造的塔的孪生兄弟。

科尔尼利亚位于海拔100米（328英尺）的海角岩石山脊上，它通过365级楼梯与海滩相连。科尔尼利亚及其周边地区的居民从事传统的葡萄种植，可以在热那亚和托斯卡纳之间特有的梯田上看到。自中世纪以来，意大利人证实了自己在耕种和工程方面的卓越能力。

马纳罗拉高耸在一大堆黑色巨石上,让彩色的房屋仿佛从岩石中拔地而起。除此之外,还以优质的食用油和广受欢迎的帕赛托葡萄酒"夏克特拉"而闻名。

图2-17 科尔尼利亚火车站

里奥马焦雷是同名的公园的中心。里奥马焦雷是一个风景如画的渔村,拥有通常是柔和色调的高而窄的房屋,以及美得令人窒息的自然的明暗对比,狭窄而蜿蜒的caruggi将其连接。

2. 韦内雷港

韦内雷港是一个优美的度假胜地,是自然与建筑的完美结合,拥有宜人的旅游港口,与利古里亚的其他相邻港口相似。它的房屋、陡峭的楼梯和小巷用无数种颜色装饰。美丽的圣彼得教堂位于博切海附近的海角之上,建于古基督教时代,最终以哥特式风格重修,被列入联合国教科文组织世界遗产名录。同样特别的是白圣母圣殿,以前是建于 12 世纪的罗马式圣洛伦佐教区教堂,后来进行了修复和扩建;还有一座雄伟的军事堡垒多利亚城堡。

图2-18 韦内雷港

　　五渔村、韦内雷港以及沿海群岛是意大利著名的旅游胜地，该地旅游景点众多，各具特色。除此之外，热那亚东郊的"十分之四"是加里波第勇敢的千人团远征的起点；涅尔维是东海岸最古老的度假胜地，可以进行热海水浴，一洗身上的疲倦；波托菲诺岬角作为利古里亚的自然保护区之一，这里生长着茂盛的地中海植物，几条山脊从高约六百一十米的山顶伸出，形成崎岖的山谷，伸入大海；司佩齐亚湾曾受到过许多著名诗人的青睐，被称为"诗人之湾"，沿着海滨散步时，常常会看到诸如"薇姬莉娅号""拜伦号"之类的船名。

　　3.沿海群岛

　　帕尔玛利亚、蒂诺和提内托岛三个岛屿属于利古里亚海滨群岛，如同一串璀璨的明珠散落在利古里亚海岸上，有明媚的阳光、自然的生态、独特的人文，吸引了越来越多的游客。从这里可以欣赏到岩洞和史前人类居住的遗迹，同五渔村和韦内雷港一起被列入联合国教科文组织《世界遗产名录》。

（二）亚得里亚海滨区

亚得里亚海是地中海的一个大海湾，在意大利与巴尔干半岛之间，通过南端的奥特朗托（Otranto）海峡与伊奥尼亚海（Ionian Sea）相通，风光旖旎，是闻名遐迩的度假旅游胜地。威尼斯和杜布罗夫尼克被称为亚得里亚海滨的海上明珠。

1. 威尼斯

威尼斯自古以来具有"亚得里亚海的明珠"的称号，四周环海，位于意大利东北部亚得里亚海滨的威纳托省（Veneto）。从地图上看，威尼斯仿佛一颗镶嵌在美妙长靴靴腰上的水晶，在亚得里亚海的波涛中熠熠生辉。1980年3月，威尼斯市和我国的苏州市结为"姐妹城"。威尼斯是由水和桥构成的世界著名水城。

图2-19　威尼斯里亚托大桥

2. 杜布罗夫尼克

杜布罗夫尼克在19世纪早期被诗人拜伦称为"亚得里亚海的明珠"，分为旧城和新城两部分。旧城被完全包围在高大、坚固的城堡中。城墙用花岗岩砌成，每隔不远就有一座碉堡，墙外有护城河环绕。城内完好地保存着14世纪的药房、庄严宏伟的大教堂、精雕细刻的修道院以及古老华丽的大公府，1979年被联合国教科文组织列入了《世界文化遗产名录》。新城建于滨海缓坡上，这里有古朴典雅的剧院、现代化的旅馆以及海滨浴场、疗养院等。

图2-20　鸟瞰杜布罗夫尼克老城

（三）阿马尔菲海岸

阿马尔菲海岸面向第勒尼安海，坐落在独特的环境中，是地中海景观的典范，因其地形特征和历史演变而拥有巨大的文化和自然价值，受到联合国教科文组织的保护，是被列入联合国教科文组织《世界遗产名录》的55个意大利遗址之一。阿马尔菲海岸像一个宏伟的阳台，悬在深蓝色的海洋和拉塔里山脉的山脚下，位于长长的山谷和海角、海湾、耕种梯田、葡萄园以及柑橘和橄榄树林中。整个地区在那不勒斯湾和萨勒诺湾之间延伸，超过11231公顷，包括萨勒诺省内的16个壮丽的行政区：阿马尔菲、阿特拉尼、卡瓦德蒂雷尼、塞塔拉、康加德马里尼、弗洛里、马约里、米诺利、波西塔诺、普莱伊亚诺、拉伊托、拉维洛、圣埃吉迪奥德尔蒙泰亚尔比诺、斯卡拉、特拉蒙蒂和维耶特利苏玛雷。

图2-21　阿马尔菲海岸的波西塔诺镇

阿马尔菲海岸的城市和乡村小镇各不相同，都有自己的传统和特色，使它们独一无二。尽管如此，它们都以建筑纪念碑为特色，如切塔拉的撒拉逊塔；阿马尔菲罗马式大教堂及其"天堂回廊"，明显受到了东方的影响；阿特拉尼的圣萨尔瓦多德比雷托教堂，历来阿马尔菲总督的宣誓仪式在此举行；拥有美丽的大教堂和豪华的鲁弗洛别墅的拉维洛；迷人的维耶特利苏玛雷小镇被认为是"意大利产花饰陶器及纺织品的摇篮"。因此，华丽的圣若翰洗者教堂和圣母领报节和玫瑰经总会建筑物的正面被这些华丽多彩的瓷砖覆盖并非偶然。

第四节　意大利气象旅游资源

一、气候特征

意大利位于地中海沿岸，该国的主要气候类型就是地中海气候，地中海气候的特点就是冬季温和多雨、夏季干燥炎热，在夏季受到副热带高压的影响，气候炎热且少雨、云量稀少、阳光充足，而在冬季受到西风的影响，气旋活动频繁出现、气候温和、降水充足。

根据地形特征和地理位置的不同，可以将意大利划分为3个不同的气候区：一是南部半岛及岛屿区，此区毗邻地中海，地中海气候特征在此区域最为典型，这里年平均温度高于其他地区，阳光和降水量最为充足，1月平均气温2℃～10℃，7月平均气温23℃～26℃；二是中部平原区，平原区是亚热带气候和温带气候的过渡区域，具有大陆性气候的特征，气候较为潮湿，夏季较热，冬季较冷，1月平均气温2℃～4℃，7月平均气温20℃～24℃；三是北部山地区，北部山区主要指阿尔卑斯山区，这里是意大利全国温度最低的地区，冬季降雪较多，1月平均温度-12℃～1℃，7月平均温度4℃～20℃，阿尔卑斯山区具有明显的气候垂直分布特征，即随着地势海拔高度的上升温度下降，在阿尔卑斯山麓地区由于阿尔卑斯山脉阻挡了北部的冷气流，所以这里气候相对温和。

意大利的气象旅游资源与该地区的气候特征息息相关，这里的地中海气候为气象旅游资源的形成提供了良好的气候基础，才能为我们展现出景色宜人的气象旅游景观。

二、气象旅游资源

气象旅游资源是指大气中的冷、热、干、湿、风、云、雨、雪、霜、雾、雷、电、光等各种物理现象和物理过程所构成的旅游资源。气象旅游资源是在特定的地域和时期出现的，气象要素并不能单独形成气象旅游资源，往往需要与自然界中各种自然景观结合起来，形成自然旅游资源的综合体。

（一）气象旅游资源的特点

1. 地域性

气象旅游资源的地域性是指某种气象只会在特定的地域才会发生，并不是在任何一个地区都会出现。一个地区的气候由地理纬度、海陆分布、地形状态等多个因素决定，不同地区的气候也使得气象旅游资源具有明显的地域性。如在纬度高和海拔高的地区温度会较低，会出现云雾和大雪的景观；在热带和亚热带的低纬度地区常常温度较高，气候舒适。

2. 季节性

季节性是指气象旅游资源出现的时间会随着季节的变化而发生变化。在众多气象要素中，无论是温度湿度，还是云雾雨雪等气象要素都具有明显的日变化、月变化以及年变化的规律，因此气象旅游资源具有鲜明的季节性特征。此外，气象旅游资源每年持续的时间在不同的季节也会存在不同，如高山的云雾景观在不同的月份持续的时间不同，热带地区和亚热带地区夏季降水多且均匀，冬季降水少而不均衡，在不同的季节有不同的雨景。

3. 易变性

形成气象的各种气象要素往往是瞬息万变、变幻无穷的。比如一天之中的冷、暖、阴、晴的变化，每一刻都有不同的气象特征，此外有一些景象也是瞬间出现的，只有在合适的时机才能看到这些景象，如日出和日落、海市蜃楼等。这些气象的变化会产生不同风格、色彩的景色，给人们带来不一样的旅游感觉。

4. 背景和借景性

气象旅游资源虽然可以被直接观赏到，但可能会无法营造出颇具美感的景观，加上其缺乏物质的现实存在的特征，所以需要借助周围的旅游资源作为背景，与周围的景观融合起来形成独特的自然资源综合体，更好地展现给人们。如云雾往往会以高山为背景、雪原以林海为背景等。

（二）气象旅游资源的类型

按照气象要素的类型，将气象旅游资源类型主要划分为以下几种。

1．云、雾、雨景观

云、雾、雨这些气象要素构成的气象景观一般会出现在温暖湿润的地区或温暖湿润的季节。薄云、淡雾、细雨与大自然融为一体形成一种独特的朦胧美，在薄云、淡雾、细雨中观看风景，使得景物变得若隐若现、扑朔迷离，令人捉摸不定，带来一种虚幻、神秘的美感，引人不断遐想。云雾景多出现于山区，是山地多变的气候形成的，置身于云雾景之中给人以一种飘飘欲仙的美妙感受；雨景除了与自然融合呈现独特美感外，雨滴滴落在地的声音也会给旅途增添一份宁静和韵律感。

图2-22 浓雾中的意大利托斯卡纳田园风光

2．冰、雪、雾凇景观

冰、雪是寒冷季节、高寒气候区以及高山上才会出现的气象景观，冰雪景与周围的自然景观共同构成奇妙的冰雪风光，冰雪带来的景观一直都是人们较为向往的旅游景观。冰雪与自然景观的结合展现出诸多宏伟壮观、栩栩如生的景观造型，吸引源源不断的游客前来观赏。此外，在冰雪资源丰富的地方，都建有滑雪运动场，集运动与观赏于一体，给人们带来全新的体验。

雾凇是雾气在零摄氏度以下在附着物上形成的产物，以白色透明的小冰粒附着在其他自然界的物质上，与冰雪并不相同，这种景观的独特性在于能够保持原有形态的微观造型。

3.日出、日落、霞景观

日出和日落是清晨和黄昏时刻太阳于地平线上升和下沉的两个顺序相反的景观变化过程，虽然顺序不同，但两者都能带来美妙的自然景观，日出和日落发生在能够看到地平线的海滨和无视线障碍的中低山地峰顶。

霞是斜射的阳光被大气的中颗粒散射后，剩下的光映照在天空和云层上所呈现的光彩，多发生在日出和日落的时候，由于大气颗粒对长波光散射的强度小，所以霞多以红、橙、黄等颜色呈现，云雾越多，霞颜色越红。霞与周围的景色交相辉映时往往会呈现出一幅幅绝美的画卷。

图2-23　美如画的威尼斯大运河的日出

4. 佛光、海市蜃楼景观

佛光和海市蜃楼是大气中光的折射形成的气象景观。佛光出现的原理与雨后彩虹一样，都是云层中的雾气和水滴经阳光折射后呈现出来的景观，佛光出现的次数、光环绚丽的程度与空气的湿度、雾气的多少相关。海市蜃楼是由于光线的折射和全反射形成的气象景观，在大气层较为稳定的无风或微风的日子里，气温在垂直方向上发生变化，使得垂直方向的空气密度也发生显著变化，远处的光线通过密度不同的空气层发生折射和全反射，从而在空中或地面显现出远方景物的影像，这种景象多发生于夏季沿海或沙漠地带。

（三）意大利的气象旅游资源

1. 典型的地中海雨景

意大利是典型的地中海气候区，这里全年气候温和，不会温度过高也不会温度过低，夏季降水量较少，冬季降水量较多。在意大利的细雨中观赏风景，能够感受到曾经的古罗马帝国的强盛和繁荣，感受到意大利各个古城所具有的文化底蕴，在欣赏和观看意大利的旅游景观的时候给人们带来意想不到的旅游体验。

2. 阳光充足的海滩

意大利的海岸包括地中海和亚得里亚海，在这里有许多美丽的海滩。在这里由于地中海气候以及所处低纬度的原因，气候温和、阳光充足，这里极其适合人们在海滩上享受大海的美景，可以充分体验和享受日光浴。意大利著名的海滩有玛拉苏萨海滩、卡拉格拉纳拉海滩、卡拉戈洛里泽海滩、萨伦托海滩、奇亚蒂鲁纳海滩等。

3. 冰雪景观的阿尔卑斯山

阿尔卑斯山地处温带和亚热带过渡地带，成为欧洲温带大陆性湿润气候（四季如春）和地中海气候（雨热不同期）的分界线，同时具有明显的山地垂直气候特征，从下往上的植被主要是亚热带常绿硬叶林、深林带（下部是混交林，上部是针叶林）、高山草甸带，在更高处则是裸露的岩石与积雪。这里蕴藏着丰富的旅游资源，以登山与滑雪等白色旅游为主，山地冰川呈现出壮观的冰雪景观，为登山、滑雪提供了旅游活动条件基础。冰雪融化在意大利和周边国家形成了诸多湖泊，并且成为著名的旅游胜地，其中意大利著名的湖泊有马焦雷湖、科莫湖等，此外阿尔卑斯山麓的村镇景色秀丽、环境优美，也吸引了大量的游客。

第五节　生物旅游资源

相对于欧洲其他国家来说，意大利的自然资源还是比较匮乏，且由于其所处的气候和地形地貌，意大利动植物也略显稀少，尽管如此，它仍独具特色。

一、植物旅游资源

意大利的中部和南部的低地植物区是典型的地中海气候。这些地区的植被多为树木，如橙子、柠檬、橄榄、棕榈和香橼树等。其他常见的树木类型，特别是在南方地区，主要是无花果、海枣、石榴、杏仁树、甘蔗等。亚平宁山脉的植被非常类似于欧洲中部地带。在较低的斜坡地区，板栗、柏树和橡树密集分布，高海拔地区的主要植被代表为松木和杉木。

二、动物旅游资源

相比欧洲的同类型地区来说，意大利的动物种类比较少。在阿尔卑斯山区，只生活着少量的旱獭、羚羊、山羊，但狼和野猪仍然能在山区大量发现。此外，另一个常见的四足动物就是狐狸。

常见的捕食鸟类有鹰、雕、隼、鸢等，它们大部分都生活在山区。鹌鹑、山鹬、鸥鸽和各种各样的迁徙物种在意大利的许多地方都十分常见。

意大利具有代表性的动物是狼。意大利和狼，有着千丝万缕的联系。狼是罗马帝国的象征，在罗马富丽堂皇的康塞瓦托利宫内珍藏着一尊"母狼育婴"的青铜雕塑。它是罗马城的历史象征，是罗马的城徽。每一个来到罗马的人都要到宫里去瞻仰一下这个伟大而神奇的古罗马雕塑，去聆听一下罗马建城的血腥历史。传说正是这头母狼哺育了罗马城的创建者，因而，母狼塑像就被当作罗马的城徽，甚至自然界的母狼也被罗马人当作恩兽来对待。现今在意大利很多地区，依然有崇拜狼的传统。

三、自然保护区

意大利是欧洲及地中海地区生物多样性最高的国家之一，公园、保护区和湿地在保护动植物方面起了重要作用。意大利现在有24个国家公园，400多处自然保护区、自然公园和湿地。它们定期向民众开放，开展自然保护活动，促进环保事业发展。这些国家公园和自然保护区，有许多不寻常的动植物。横跨翁布里亚和马尔凯区的锡比利尼山国家公园是50多种哺乳动物和150多种鸟类的栖息地，包括豪猪、野猫、雪鼠、孢子、金鹰、岩石鹧鸪等。在那里，各路走兽穿梭在林间，身披五彩羽毛的珍稀鸟类发出各种鸣叫声。在多洛米蒂贝卢内西国家公园，人们将有幸看到欧洲盘羊和羚羊，领略罕见的金鹰与阿尔卑斯山蝰蛇的风采。世界自然保护联盟（IUCN）的绿色名录是关于保护区治理的最重要的国际卓越认证。2021年4月意大利的两个保护区被列入IUCN绿色名录——卡森蒂内西森林、法尔泰罗纳山、坎皮尼亚国家公园和托斯卡诺群岛国家公园，而该国第一个国家公园大帕拉迪索的绿色名录地位得到了更新。

（一）大帕拉迪索国家公园

大帕拉迪索国家公园地处阿尔卑斯山地区，位于意大利西北边境与法国交界处，面积710.44平方公里，在2014年的试点阶段被列入绿色名单。它是意大利为了保护一度濒临灭绝的阿尔卑斯山野山羊于1922年建立的第一个国家公园，这一保护主题一直延续到今天，并为保护公园野生动物的栖息地付出了巨大的努力。大帕拉迪索国家公园还以典型的高山风景为特色，从草地、林地到冰川，从800米的谷底到4061米的格兰帕拉迪索峰，落叶松和冷杉林地、广阔的高山草原、岩石和冰川构成了丰富多样的野生动物生活的理想环境，也是探索高山奇妙世界的理想场所。

图2-24　大帕拉迪索国家公园

（二）托斯卡诺群岛国家公园

托斯卡诺国家公园由厄尔巴岛、吉利奥岛、卡普拉亚岛、蒙特克里斯托岛、皮亚诺萨岛、吉安努特里岛和戈尔戈纳岛七个岛屿组成，因气候、植物、动物、历史和传说而独具特色。它最重要的特点是由相当复杂的地质历史所创造的多样化的自然环境。植被主要分布在地中海地区，植物区系具有丰富的地方性，具有一些由于其岛屿条件而在该封闭区域独家分布的物种。

公园面积约为18000公顷，有许多有趣的地质和自然景观，还有60000公顷的海洋。第勒尼安栖息着许多在其他地方罕见的物种，因此它被列入国际海洋哺乳动物保护区的集水区。国家公园的职责是保护这七个岛屿的物种遗产和生态系统。

（三）卡森蒂内西森林、法尔泰罗纳山、坎皮尼亚国家公园

卡森蒂内西森林、法尔泰罗纳山、坎皮尼亚国家公园成立于1993年7月12日，位于亚平宁山脉，占地约36000公顷，保护着意大利最大的古老山毛榉

森林之一。它是联合国教科文组织公认的世界遗产，并获得欧洲保护区凭证。从自然主义的角度来看，该公园是欧洲最珍贵的森林地区之一，其核心是卡森蒂内西国家森林公园，其中包括1959年建立的萨索弗拉蒂诺综合自然保护区。同时，它也是一个有居住中心的地区，拥有丰富的历史、艺术和建筑见证，为游客提供了一个奇妙的自然环境。这里拥有丰富的动植物，其中包括亚平宁山脉北部最重要的狼群，以及野猪、狍、鹿等众多物种。

图2-25　卡森蒂内西国家森林公园

第三章

意大利人文旅游资源

　　人文旅游资源又称人文景观，是指人类在漫长的社会历史发展过程中通过认识自然、改造自然、利用自然创造的一系列丰富的艺术和文化历史成果，具有历史性、民族性、艺术性，是人类历史和文化的结晶，不仅具有观赏价值，还饱含科学价值。因此，开发和保护人文旅游资源，对丰富人类文化生活、拓展历史教育学习、增进国际文化交流、推动旅游业发展具有重要的意义。意大利是欧洲的一个历史古国，自旧石器时代以来就出现了人类文明，此后又经历了古罗马时期、中世纪时期、文艺复兴时期等多个时期，形成了丰富且宝贵的文化，并给后人留下了诸多人文旅游资源。本章主要从意大利古迹与建筑、世界文化遗产、著名购物中心、园林和民俗旅游资源5个方面对意大利人文旅游资源进行介绍。

第一节 意大利古迹与建筑

一、古典时期建筑（公元前1世纪—公元5世纪）

　　意大利古典时期的古迹与建筑体现在古罗马时期的古迹与建筑上，包括罗马共和国和罗马帝国时期。罗马建筑是在伊特鲁利亚人学习古希腊建筑的基础上形成的一种建筑形制、技术和艺术创新的建筑风格，在公元前1世纪到公元3世纪达到西方建筑的顶峰。在罗马共和国时期，罗马人对道路、桥梁、公共设施以及神庙进行了修建，此外还修建了一些公共建筑，如剧场、竞技场、浴场、巴西利卡等。在罗马帝国时期由于帝国的强盛、版图的扩张，修建凯旋门、纪功柱、广场以及神庙成为主流。

　　古罗马时期的建筑在材料、结构、施工和空间上与古希腊建筑相比有了许多创新之处并取得了极大的成就，形成了最早的建筑理论体系和形制。在材料方面，除了砖石、木头等常用材料以外，罗马人开始运用火山灰制成的天然混凝土；在结构方面，罗马人创造了一种柱与拱券相结合的体系，并把古希腊柱式发展为5种：多立克柱式、塔司干柱式、科林斯柱式、爱奥尼克柱式以及混合柱式；在空间方面，罗马人注重空间的层次、形态与组合。此外，罗马人形成了系统的建筑理论体系，如维特鲁威的《建筑十书》，成为之后建筑学的发展基础。古罗马时期著名的古迹与建筑，主要有以下几个。

（一）古罗马广场

　　广场是古罗马建筑中一种特别重要的形式，在古罗马的城市中一般都有中心广场，可以分为共和国时期和帝国时期广场群两类：第一类广场的特点是用途广泛、周围建筑分布及形式不规则，具有群众性和民主性，如庞贝广场；第二类广场的特点是广场具有纪念性功能、建筑追求对称规则，具有私有性和政治性，如凯撒广场、图拉真广场。

　　庞贝中心广场位于著名古城庞贝城，是一个巨大的露天长方形广场，是当时人们日常生活的中心地带。庞贝城重要的建筑都围绕在广场四周分布，如广场西南是市政中心大会堂，广场西边是阿波罗神庙，广场东南是市政府所在地，广场的西北是公共浴室，此外还有诸多神庙与公共集会场所。

凯撒广场是一个封闭的、按完整规划建造的广场，广场的后半部分是围廊式的维纳斯神庙，广场中间是凯撒大帝的骑马青铜像，整个广场可以说是凯撒大帝的纪念碑。凯撒广场是第一个以庙宇为主体的封闭的、轴对称的广场形制。

图拉真广场建于公元107年，是为了纪念图拉真大帝远征罗马尼亚获胜而建的，广场由两座巨大的图书馆、两座宏伟的大会堂、图拉真纪念柱和众多的雕像组成，广场的形制依照东方君主国建筑的轴对称和多层纵深特点进行布局。广场上最著名的就是图拉真纪功柱，它是由大理石雕刻成的高30米的圆柱，表面雕刻着长达200米的描绘宏大战争场面的故事画卷，雕刻精美、气势恢宏。

（二）万神庙

万神庙位于意大利罗马圆形广场北部，是罗马最古老的建筑之一，是古罗马建筑的代表作，也是历史上具有重要影响力的建筑之一。万神庙采用了穹顶覆盖的集中形制，具有单一空间、集中式构图的典型特点，是罗马穹顶技术的顶峰。

图3-1　万神庙

（三）古罗马竞技场

古罗马竞技场遗址位于意大利罗马市中心，是古罗马文明的象征，从外观上看呈圆形，占地面积约2万平方米，最多可容纳9万名观众。从外部看这座竞技场的围墙有4层，底下3层是由不同的环形拱廊组成，第四层是顶阁，底下3层由不同的柱式装饰，从地面向上依次是多立克柱式、爱奥尼克柱式、科林斯柱式。竞技场的看台逐层向后退，形成阶梯式坡度，这种建筑设计方式即使在今天的体育场也仍旧使用。

图3-2 古罗马竞技场

（四）古罗马凯旋门

古罗马的凯旋门数量众多，凯旋门主要是古代的统治者为了纪念自己的功绩，在取得重大战争胜利后修建的纪功性建筑。时至今日，罗马现存的凯旋门仅存留3座，分别是提图斯凯旋门、塞维鲁凯旋门、君士坦丁凯旋门。提图斯凯旋门是现存最早的凯旋门，是提图斯皇帝为了纪念镇压犹太人的战争而修建的，形制比之后的凯旋门较为简单，装饰有混合式壁柱，匀称整齐、简练美观，具有古典之美；塞维鲁凯旋门是塞维鲁皇帝为了纪念两次战胜波斯而建，由大理石浮雕和拱柱装饰；君士坦丁凯旋门是君士坦丁大帝为了纪念他统一罗马帝国而建，是一座有3个拱门的凯旋门，整体上看起来显得巨大，浮雕丰富有气派，但缺乏整体观念。

图3-3　提图斯凯旋门

（五）巴西利卡

巴西利卡是古罗马的一种公共建筑形式，其特点是平面呈现长方形，外侧有一圈柱廊，主入口在长边，短边有耳室，采用条形拱券作屋顶，后来的基督教堂都是沿用了罗马巴西利卡的建筑风格来建造的。罗马最庞大的巴西利卡是由君士坦丁一世修建的，这个建筑有一个拱顶，在窄边和宽边各有一个半圆形龛。

（六）卡瑞卡拉浴场

卡瑞卡拉浴场是古罗马运用十字拱和拱券平衡体系的代表建筑物之一。浴场总体为575×363米，主体建筑可供1600人同时沐浴，内设冷、温、热水浴三个部分，此外还有更衣室等辅助性用房，采用梁柱与拱券共用的结构，室内装饰华丽，并设有许多凹室和壁龛，浴场周围是花园，最外围一圈是商店、运动场、演讲厅以及蓄水槽等。

古罗马建筑初步确立了成熟的建筑形制和理论体系，在原有基础上实现了创新，探索出新的建筑风格和结构，不仅对后世欧洲的建筑具有重要的影响，还对全世界的建筑具有重要的影响。

二、中世纪时期建筑（公元5世纪后期—公元15世纪中期）

在本节中，中世纪是指从公元5世纪后期到公元15世纪中期，始于西罗马帝国灭亡，终于东罗马帝国（拜占庭帝国）灭亡。在中世纪时期，建筑风格有以下几种：拜占庭建筑、罗马式建筑、哥特式建筑。

（一）拜占庭建筑

古罗马帝国分裂成东、西罗马帝国后，由于战争不断，西罗马帝国很快覆灭，而迁都君士坦丁的东罗马帝国局势稳定，东罗马帝国又称拜占庭帝国，在原来的罗马生活和文化的基础上，与东方阿拉伯、伊斯兰文化相结合，形成了独有的拜占庭风格。

拜占庭时期早期的建筑成就主要体现在教堂的形制上，这一时期的教堂沿袭了古罗马帝国时期的巴西利卡的形制，这种教堂采用向上升腾的空间格局，如位于伯利恒的圣诞大教堂、老圣彼得大教堂。到5世纪后拜占庭创立了一种新的建筑形制，即集中式形制，特点是把巨大的穹顶支撑在多个独立顶柱上，并由帆拱作为连接，展现出更为广阔独特的空间效果。拜占庭建筑是对古罗马建筑的继承和延续，结合古代西亚和古希腊的建筑特点而形成，是历史上多种建筑风格的结合，最典型的特点就是方形体上有一个巨大的穹顶，创造了抹角拱和帆拱。此外，拜占庭建筑对马赛克技术也情有独钟，在众多建筑上都采用这个装饰方式。拜占庭时期最为著名的建筑就是大型教堂，如圣索菲亚大教堂和圣马可大教堂。

1. 圣索菲亚大教堂

圣索菲亚大教堂位于君士坦丁堡，是拜占庭帝国的主教堂，以其巨大的穹顶而闻名，是拜占庭建筑最典型的代表。教堂平面采用了集中式布局，在空间上呈现出巨大的穹顶，开创出了以帆拱支撑的穹顶为中心的新型拱券结构平衡体系。在教堂的内部装饰上，不仅有各种雕刻，还有用有色大理石拼成的马赛克拼图。

图3-4　圣索菲亚大教堂

2.圣马可大教堂

圣马克大教堂位于威尼斯的圣马可广场上，曾经是欧洲中世纪最大的教堂，是威尼斯建筑的代表作。它的5座穹顶来源于圣索菲亚大教堂，正面采用了华丽的拜占庭风格，教堂的结构上采用古希腊的十字形设计，此外，该教堂还有4000多平方米的马赛克画。

（二）罗马式建筑（罗马风建筑）

罗马式建筑是以效仿古罗马建筑的一些技艺为主，但并不是完全对古罗马建筑的再现的一种建筑风格，在欧洲持续了几个世纪之久。这种建筑风格沿袭了早期基督教建筑风格，采用了古罗马的一些传统技艺如半圆拱、十字拱等，主要体现在五个方面：一是平面形象，即在长方形平面基础上形成拉丁十字的平面形象；二是柱廊，一般为圆柱形柱廊；三是拉得很长的圆拱门窗；四是更高、更直、更具美感的建筑形体；五是采用石材建造的桶形和交叉形结构的拱顶。这一时期的建筑类型主要是教堂、修道院和封建城堡。意大利罗马式建筑典型的代表有比萨大教堂、圣米尼亚托教堂。

图3-5　圣马可大教堂

1. 比萨大教堂

比萨大教堂建于1063年，教堂平面呈长方形的拉丁十字形，内有四排科林斯式圆柱，为一椭圆形拱顶所覆盖，是中世纪罗马风建筑的杰出代表。教堂正面有三个大门，上方是几层连列券柱廊，以带有细长柱体的拱券逐层堆叠为不同的形状布满大门正面，教堂外墙由红白相间的大理石砌成，色彩鲜明。

2. 圣米尼亚托教堂

圣米尼亚托教堂坐落于佛罗伦萨的一个制高点上，被称为托斯卡纳最好的罗马式建筑。该教堂最大的特色就是壁画，外部和内部都具有精美的装饰。

图3-6　比萨大教堂

（三）哥特式建筑

哥特式建筑起源于11世纪下半叶的法国，由罗马式建筑发展而来，被文艺复兴时期的建筑继承，因其高超的技术和艺术成就在世界建筑史的发展史上具有重要地位。哥特式建筑的特点是尖塔高耸、尖形拱门、大窗户以及花窗玻璃，建筑设计上采用尖肋拱顶、飞扶壁、束柱等方法，营造出向天空升腾的空间感，建筑结构采用框架式骨架券用于支撑顶部，哥特式建筑仍以教堂为主。意大利的哥特式建筑于12世纪由国外传入，主要在意大利北部地区，著名的建筑有米兰大教堂、威尼斯总督府。

1. 米兰大教堂

米兰大教堂是世界上最大的哥特式教堂，始建于1386年，历经几个世纪的修建才完工，但始终保持着装饰性哥特式的建筑风格。米兰大教堂主要的特点是高耸精美的雕刻和尖塔、垂直向上的外部飞扶壁和墙面，使得整个建筑外形凸显出向上的升腾感，该教堂将哥特式建筑的特点淋漓尽致地表现了出来。大教堂主要由大理石砌成，看起来壮丽美观，建筑平面呈现出拉丁十字形，此外，米兰大教堂也是有着最多雕像的哥特式教堂，且建筑外部有大量精美的花窗玻璃。

图3-7　米兰大教堂

2.威尼斯总督府

威尼斯总督府是欧洲中世纪的哥特式建筑之一。该建筑的特点主要有以下几个方面：一是南面和西面的立面构图，第一层和第二层都是券廊，廊柱精美有力，顶层占了建筑高度的一半，由实墙组成，这一立面构图独具创新性；二是正门的两扇巨大青铜门；三是内院建造的30级大理石台阶——巨人梯；四是二楼长廊，这条长廊与光滑的墙壁融为一体，营造出精美华丽的视觉效果；五是内部豪华壮丽的装饰，能够凸显出威尼斯共和国时期的繁荣与强盛。

图3-8　威尼斯总督府

三、文艺复兴时期建筑（14世纪—16世纪）

随着14世纪资本主义萌芽开始在意大利产生，人们开始渴望自由，而在古希腊和古罗马时期学术自由且具有很高的文化和艺术成就，因此许多学者要求恢复之前的文化和艺术，文艺复兴运动就此兴起。一般认为文艺复兴时期是从意大利文艺复兴为起点，随后传到欧洲各国，所以在该时期意大利文艺复兴建筑达到空前繁荣。意大利文艺复兴时期的建筑主要有三个阶段：一是15世纪左右以佛罗伦萨为中心；二是15世纪末期到16世纪中期以罗马和威尼斯为中心；三是16世纪下半叶以维琴察为中心。

文艺复兴时期的建筑取得了巨大的成就，首先是建筑类型不再局限于宗教类建筑，世俗类的建筑类型增加，采用更加灵活多样的造型设计手法，在建筑技术上，梁柱、拱券、墙体堆砌以及施工技术等都得到提高，在装饰上以绘画为主。其次是创作了一系列对后世具有重要影响的建筑典籍，文艺复兴时期一大批艺术家、画家和建筑家纷纷涌现，他们创造出了宝贵的建筑理论书籍，最著名的书籍如阿尔伯蒂的《论建筑》、帕拉迪奥的《建筑四书》和维尼奥拉的《五种柱式规范》，这些书籍都成为现在的建筑学教科书。意大利文艺复兴时期最著名的建筑有佛罗伦萨美第奇府邸、维琴察圆厅别墅、圣马可广场等，这些建筑都出自阿尔伯蒂、米开罗佐、帕拉迪奥等建筑大师之手。

（一）佛罗伦萨美第奇府邸

美第奇府邸是仿造中世纪佛罗伦萨的市政厅中心而建的，由粗糙的大石块修砌而成，建筑风格庄重严肃，沿街里面的墙体是屏风式的，与内部房间搭配极不协调，内院底层都是宽阔的连续券廊，廊柱较粗。

（二）维琴察圆厅别墅

圆厅别墅位于意大利维琴察，是一座完全对称的建筑，以中央圆厅为中心向四周扩展，四个方向都有庄严的门廊和巨大的曲线形台阶，采用集中式布局，建筑整体上整齐简洁、比例匀称、结构严谨。

图3-9 维琴察圆厅别墅

（三）圣马可广场

圣马可广场初建于公元9世纪，于文艺复兴时期得以完成。广场的平面是一个不规则图形，周围也都是不同的建筑类型，广场以使用性为主，通过内外空间的结合形成了既均衡又变化的城市广场空间。

图3-10 圣马可广场的清晨

四、浪漫主义时期建筑（18世纪晚期—19世纪）

浪漫主义建筑是18世纪下半叶到19世纪末在浪漫主义思潮影响下形成的一种建筑风格，浪漫主义追求个性化的艺术，提倡自然主义，主张用中世纪的艺术与学院派的建筑艺术相抗衡。浪漫主义起源于18世纪下半叶的英国，可以分为两个时期：一是先浪漫主义时期，二是哥特复兴时期。

先浪漫主义时期的建筑强调个性化和自然化，有一些资产阶级追求中世纪田园生活的情趣，在建筑上模仿中世纪的田园风格并应用一些其他风格的建筑小品，著名的建筑有英国艾尔郡的克尔辛府邸、威尔特郡的封蒂尔修道院府邸等。

哥特复兴时期追求中世纪的哥特式建筑风格，最著名的建筑作品有英国的议会大厦、英国的圣吉尔斯教堂和曼彻斯特市政厅等。浪漫主义思潮在欧洲广为盛行，但在意大利却并不流行，因此浪漫主义建筑在意大利并不常见，在意大利几乎见不到这种风格的建筑。

五、近现代建筑（1640年至今）

本节中的近现代时期建筑主要指从英国资产阶级革命开始到现在的建筑风格，主要有以下几种：巴洛克建筑、洛可可建筑、折中主义建筑、现代主义建筑等。

（一）巴洛克建筑

巴洛克建筑是继承文艺复兴建筑风格之后的又一种新的建筑风格，这种建筑风格追求新奇的效果、动态的建筑形体和空间，偏向于豪华的装饰和鲜明的色彩，打破了绘画、雕刻与建筑之间的界限，追求自由、自然的风格，反对僵化的古典模式。这种风格打破了对古罗马建筑理论的盲目崇拜，也打破了文艺复兴晚期定义的诸多规则戒律。巴洛克建筑风格艺术中心盛行于意大利的罗马，著名的建筑有维尼奥拉设计的罗马耶稣会教堂、"巴洛克艺术之父"卡罗·马代尔诺设计的圣苏珊娜大教堂、博洛米尼的维那佛广场和圣卡罗教堂、瓜里尼的圣辛东教堂和卡里格纳诺大厦、贝尼尼的圣彼得广场和贝尼尼宫等。

图3-11 罗马圣苏珊娜教堂

图3-12 圣彼得广场

（二）洛可可建筑

洛可可建筑是在巴洛克建筑的基础上形成的，该风格主要表现在室内装饰上，后来逐渐应用到绘画、雕刻、工艺品等上。洛可可风格不仅保留了巴洛克风格复杂的形象和精细的图腾，还与更多不同的建筑风格进行融合，主要特点是室内采用精巧的装饰和鲜明的色彩，常采用不对称的手法，天花板和墙体有时会以弧面相连并布置有壁画，与巴洛克有力的线条相比，洛可可表现出一种纤柔、细腻的手法，著名的洛可可建筑有：巴黎苏俾士府邸、德国无忧宫、克里斯钦堡宫等。在意大利这种风格并不盛行，因此这种风格的建筑很少见。

（三）折中主义建筑

折中主义建筑是19世纪到20世纪流行于欧美的一种建筑风格，这种风格不按照固定的法式，追求比例均衡和形式美。折中主义建筑的特点体现在四个方面：一是色彩多样的材料；二是活泼的形式；三是材料之间的组合；四是将地方性色彩和高级建筑样式与建筑融合。意大利的折中主义建筑最典型的代表是罗马的伊曼纽尔二世纪念堂。

伊曼纽尔二世纪念堂建于1911年，是为了庆祝1870年意大利统一而建造的。纪念堂最突出的部分就是16根圆柱形成的弧形，整体上壮观且精美，建筑物上方有两座巨大的青铜雕像，是罗马威尼斯广场的标志性建筑物之一。

（四）现代主义建筑

现代主义建筑兴起于20世纪20年代，并在20世纪建筑界处于主导地位。在德国建筑师格罗皮乌斯的带领下，现代主义建筑思潮在欧美广为流行。现代主义建筑提倡建筑要随着时代的发展而发展，现代建筑应符合工业化社会的发展，主张积极采用新的建筑材料、建筑结构，要在建筑建设中充分发挥材料和结构的特性，主张要脱离过时的建筑样式，要创造新的建筑风格，发展新的建筑美学，建筑要体现美学原则。著名的建筑大师有格罗皮乌斯、勒·柯布西耶、密斯·凡德罗、赖特，他们建造的著名的建筑有包豪斯校舍、萨伏耶别墅、巴塞罗那博览会德国馆等。现代主义建筑思潮在现代的欧洲各国都广为流行，对现代建筑的建设具有重要影响。

第二节　世界文化遗产

世界遗产是指被联合国教科委员会和世界遗产委员会确立的人类罕见的、无法替代的财富，是全世界公认的具有突出意义和普遍价值的文物古迹及自然景观，包括世界自然遗产、世界文化遗产、世界文化与自然双重遗产三类。截至2021年12月，意大利具有世界遗产58项（包括跨国遗产7项），其中世界文化遗产53项，世界自然遗产5项。世界文化遗产专指"有形"的文化遗产，主要包括文物、建筑群、遗址、文化景观。本节将意大利世界文化遗产划分成早期文明、建筑、历史中心、城镇类等几个方面对其进行介绍。

一、早期文明

意大利世界文化遗产中早期文明有梵尔卡莫尼卡谷地岩画、马泰拉的石窟民居和石头教堂花园、阿克里真托考古区、塞尔维托里和塔尔奎尼亚的伊特鲁立亚人公墓、锡拉库扎和潘塔立克石墓群、阿尔卑斯地区史前湖岸木桩建筑等。

（一）梵尔卡莫尼卡谷地岩画

梵尔卡莫尼卡谷地位于意大利北部伦巴第区的阿尔卑斯山脉南麓峡谷之中，峡谷中的24000块岩石上共刻有14万幅内容丰富、意义重大的石刻画，这些石刻画持续了8000年之久，反映了古人类的社会、经济、文化的演变过程，为研究史前人类的生活、思想、习俗等提供了宝贵的资料，是研究人类早期文明的重要遗产，漫步在卡莫尼卡谷地，可以称得上是一场穿越时空的旅行。

（二）马泰拉的石窟民居和石头教堂花园

位于意大利南部马斯利卡塔地区的马泰拉省，是地中海区保存最完好的穴居人遗址，遗址依照当地地势而建，与当地的生态系统完美契合，最早可以追溯到旧石器时代，反映了人类社会发展的重要历史阶段。这里是一座迷宫似的古城，非常值得前来体验。

图3-13　马泰拉历史街区

（三）阿克里真托考古区

阿克里真托考古区最早可以追溯到公元前581年，并在公元前5世纪达到顶峰，在此期间诸多神庙在此修建，此外该区还保留着统治古代城市的壮丽的陶立克式教堂，对该区域进行考古发掘，不仅可以了解古希腊和古罗马的城市文明，还可以了解古基督教居民的殡葬仪式。该考古区主要景点有神庙谷、区立考古学博物馆等。

（四）塞尔维托里和塔尔奎尼亚的伊特鲁立亚人公墓

塞尔维托里和塔尔奎尼亚的伊特鲁立亚人公墓反映了公元前9世纪到公元前1世纪不同的墓葬形式，见证了伊特鲁立亚人的文化成就，伊特鲁立亚文化推动了地中海北部城市文明的发展。遗址中不仅展现了不同的墓葬形式，还有许多质量精美的壁画和石刻，是人类研究伊特鲁立亚文化的珍贵史料。

（五）锡拉库扎和潘塔立克石墓群

锡拉库扎和潘塔立克石墓群位于意大利锡拉库扎省，由希腊罗马时代的遗址和潘塔立克石墓两类遗址组成。锡拉库扎遗址展示了地中海文明在近3000年间的发展，保留有拜占庭时期的建筑遗址；潘塔立克石墓群可以追溯到公元前13世纪，拥有5000多个靠近露天采石场的石刻坟墓，两大遗址为人类展现出地中海地区重要的文明历史。无论是古典的端庄还是巴洛克的辉煌，这些估计都展现出独有的魅力，此外这里还具有得天独厚的自然风光，为全年候的旅游胜地。

（六）阿尔卑斯地区史前湖岸木桩建筑

这一遗址是一项跨国遗产，建造于公元前5000年到公元前500年，该遗址的出现对了解史前阿尔卑斯地区人民的生活以及社会发展提供了宝贵的资料，遗址保存完好、文化内涵丰富，是研究这一地区早期农业社会的重要的史料，是了解意大利史前文化的游览地。

二、建筑

意大利从古典时期到现代经历了漫长的历史，目前为止已经拥有许多古老的建筑，其中有多个建筑入选世界文化遗产，在本章第一节中已经提到了诸多建筑，在此仅介绍以下几座建筑。

（一）维琴察城和威尼托的帕拉迪恩别墅

维琴察城位于意大利北部，在文艺复兴时期帕拉迪奥赋予了这座城市一些独特的建筑风貌，以其创立的帕拉迪奥风格的别墅建筑最具特色。

图3-14　维琴察城

（二）蒙特堡

蒙特堡是古罗马帝国皇帝腓特烈二世修建的一座八边形城堡，有意大利最美城堡之称，这栋建筑体现出了城堡地理位置和建筑规划方面在数学和天文上的精准，是意大利中世纪的一座具有独特风格的军事建筑。

（三）卡塞塔的18世纪花园皇宫、凡韦特里水渠和圣莱乌西建筑群

卡塞塔建筑群位于意大利南部卡塞塔省，这个建筑群将华丽的宫殿与园林、天然树林、山林小屋和生产丝绸的工业设施通过特有的方式结合了起来，将物质形式融入自然景观中，实现物质和自然的结合。走在这些宏伟的

建筑群中，让人感受到浓厚的中世纪气息。

图3-15　蒙特堡

（四）萨沃王宫

萨沃王宫是17世纪意大利著名的建筑之一，这座王宫的建筑风格非常豪华，内部装饰也极尽奢华，其中还有许多钟表、瓷器、银器以及其他古代家具。在游览这座皇家宫殿时，不仅能体会到古代权力的中心、驱敌的城堡的特殊氛围，还能感受到休闲放松之所、庭院生活之处的历史韵味。

（五）托斯卡纳地区的梅第奇别墅和花园

梅第奇别墅位于意大利托斯卡纳大区，包括12栋别墅和2个花园，体现出了一种人与自然和谐相处，具备娱乐、艺术和知识功能的新的乡村建筑体系，是一处呈现出新的风格的豪华住宅，是文艺复兴和巴洛克风格建筑的标志。

三、历史中心

意大利的历史中心有罗马历史中心、佛罗伦萨历史中心、圣吉米尼亚诺历史中心、那不勒斯历史中心、锡耶纳历史中心、皮恩扎历史中心、乌尔比诺历史中心。

（一）罗马历史中心

罗马是意大利的首都，是意大利的政治、经济、文化和交通中心，是世界上著名的历史文化名城。罗马历史中心区位于罗马市和梵蒂冈教皇国全境，1980年被列入《世界遗产名录》，1990年又将该遗产范围扩展到罗马八区城墙。著名的历史遗迹有万神殿、竞技场、圣保罗大教堂、凯旋门等诸多古建筑，还有凯撒、奥古斯都、图拉真等众多广场以及罗马教皇的许多宗教建筑和公共建筑。

（二）佛罗伦萨历史中心

佛罗伦萨历史中心位于意大利中部的托斯卡纳大区，佛罗伦萨在历史上一直都是贸易和艺术中心。佛罗伦萨历史中心区是城市规划和建筑艺术的杰作，它不仅见证了中世纪和文艺复兴时期的商业重镇的繁华，还具有许多举世闻名的名胜区。

（三）圣吉米尼亚诺历史中心

圣吉米尼亚诺历史中心位于托斯卡纳的伊特鲁里亚景区中部，因其保留有中世纪的塔楼群建筑而闻名世界。圣吉米尼亚诺是建于中世纪罗马朝圣之路上的中途停留点，在历史上具有防卫功能，因此控制该城市的贵族建造了许多塔楼。该历史中心不仅保留有塔楼，还保留有一些14世纪到15世纪时期意大利的艺术杰作。

（四）那不勒斯历史中心

那不勒斯建于公元前5世纪，历史上是文化、工业和港口中心，其保留有大量中世纪以来不同风格的古迹、建筑和艺术珍品，形成了具有独特文化意义的那不勒斯历史中心，文化遗产包括老城区的皇宫、新堡、圣克拉拉教堂、圣努阿留斯大教堂、国立考古博物馆、圣卡洛斯歌剧院等。

（五）锡耶纳历史中心

锡耶纳建于公元前29年，历史上是贸易、金融和艺术中心，城市的历史中心区保存有大量的历史古迹和建筑，其匠心独运、和谐美观的城市建筑和布局是中世纪城市规划的杰出典范，文化遗产有卡帕中心广场、帕布里科宫、桑塞多尼宫殿和奇吉–桑拉西尼宫殿、圣玛利亚大教堂、国家绘画陈列馆等。

（六）皮恩扎历史中心

皮恩扎建立于公元1459年，曾为教皇居住地，其被称为"文艺复兴都市生活的试金石"，文艺复兴时期的"理想城市"原则被应用到皮恩扎的建设中，它是文艺复兴城市规划的第一个典范，在建筑史上具有重要地位。

（七）乌尔比诺历史中心

乌尔比诺位于意大利中部的马尔凯区，历史中心是15—16世纪的古城区，文艺复兴时期许多著名的人文主义学家和艺术家来此，并在此建造了一批意义非凡的建筑，代表了文艺复兴时期的艺术和建筑的顶峰。著名的名胜古迹有公爵府、圆顶大教堂、国立马尔凯美术馆、画家拉斐尔故居等。

四、小镇类

意大利城镇类世界文化遗产有：威尼斯及潟湖、阿达的克里斯匹、韦内雷港、五村镇以及沿海群岛、晚期的巴洛克城镇瓦拉迪那托、维罗纳城、曼图亚和萨比奥内塔等。

（一）威尼斯及潟湖

威尼斯是意大利北部威尼托区首府，是世界上著名的历史文化名城，其建筑、绘画、雕塑、歌剧在世界上有着重要的地位和影响，享有"水城""水上都市"等美称。全市的建筑建于水上，共有历史名胜古迹450多处，包括教堂、钟楼、修道院、宫殿等多种形式的建筑，最著名的古迹有圣马可广场、圣马可教堂、总督府、黄金宫、里亚尔托桥等。

图3-16 "水上都市"威尼斯

（二）阿达的克里斯匹

阿达的克里斯匹位于意大利北部伦巴第大区，是意大利19世纪晚期工业化时期工人居住聚集地的典型代表，它自从建立以来一直都是一个纯粹的工业城市，是19世纪和20世纪初欧洲和北美"公司城镇"的典范，经过两个世纪的发展，这些场所依然保存完好。

（三）韦内雷港、五村镇以及沿海群岛

韦内雷港、五村镇以及沿海群岛位于意大利西北部利古里亚大区，是有着重要风景和文化价值的文化风景区，该区域的小城镇群的分布格局与周围

的地势环境之间的协调体现出了人类对恶劣地势环境的征服，还生动地描绘出一幅人类在此长期定居生活的历史画面。

图3-17　韦内雷港的美丽景色

（四）晚期的巴洛克城镇瓦拉迪那托（西西里东南部）

瓦拉迪那托的晚期巴洛克城镇位于意大利南部西西里岛，包括西西里东南方的8个城镇，它们展现出了高度的建筑和艺术成就以及当地的城镇形态和建筑风格，为晚期巴洛克艺术和建筑的发展提供了宝贵的证明材料，此外为保持晚期巴洛克风格，这些城镇还展现出了在城市建筑和城镇规划方面的创新。

（五）维罗纳城

维罗纳城是意大利北部威尼托大区的一座历史悠久的城市，它将现代文明与古代文明完美融合在一起，城市规划整齐，城内至今仍保存有罗马帝国时代、中世纪以及文艺复兴时期的许多名胜古迹，此外它在欧洲发展史上是一座具有战略意义的军事要塞。

图3-18 维罗纳城的日落美景

（六）曼图亚和萨比奥内塔

曼图亚和萨比奥内塔位于意大利北部伦巴第大区曼图亚省内，它们代表了文艺复兴时期城镇规划的两个方面特征：曼图亚是在原有城镇基础上扩建而成的，而萨比奥内塔是对当时理想之城设想的实现，是单一时期的城镇。这两座城镇见证了文艺复兴时期的城市、建筑、艺术成就，以其自身的建筑价值以及在文艺复兴期间起到的文化传播作用而闻名于世界。

图3-19 曼图亚城镇远景

（七）欧洲温泉疗养胜地

欧洲温泉疗养胜地是一项跨国遗产，包括欧洲的11个城镇，其中包含的意大利城镇是蒙泰卡蒂尼泰尔梅，这些城镇是以天然矿物质水源发展起来的。这些城镇温泉疗养兴起，温泉建筑群和温泉基础设施共同影响了城镇的空间布局，体现出人类价值观与医学、科学和浴疗学之间的融合。

五、其他文化景观

意大利世界文化遗产除了上述4种类型的遗产类型外，还有一些具有历史文化内涵的文化景观，如帕多瓦植物园、瓦尔·迪奥西亚公园文化景观、皮埃蒙特的葡萄园景观、朗格罗埃洛和蒙菲拉托、阿尔布拉–贝尔尼纳景观中的雷塔恩铁路等。

图3-20　帕多瓦植物园一隅

第三节　著名购物中心

　　欧洲处处是购物天堂，但意大利可以说是"天堂中的天堂"，这里有许多让人趋之若鹜的购物因子。意大利不仅汇集了本国的特色商品和知名品牌，还是购买周边国家各类商品的好去处。每年都有成千上万的人选择去意大利购物，购物前可以根据自己的预算，提前做好攻略。如果在意大利有购物的行程和需求，那么一定要提前了解，罗马、米兰、佛罗伦萨、威尼斯不仅是世界上公认的旅游圣地，也是游客一定要留足时间的购物圣地，这四个城市都有充满当地特色的物品，如威尼斯本地著名的手工制品和玻璃制品是比较理想的送给亲朋好友的伴手礼。

一、罗马

　　罗马是意大利的首都和最大的城市，已有2500余年历史，是世界著名的历史文化名城、古罗马帝国的发祥地，因建城历史悠久而被称为"永恒之城"。罗马是全世界天主教会的中心，有700多座教堂与修道院，7所天主教大学，市内的梵蒂冈是天主教教皇和教廷的驻地。罗马与佛罗伦萨同为意大利文艺复兴中心，现今仍保存有相当丰富的文艺复兴与巴洛克风貌。历史城区是十分有名的世界文化遗产，购物前可以先去游览罗马的名胜古迹，再去购物，才能有不一样的感觉。

　　罗马最著名的旅游景点有万神殿、古罗马竞技场、圣彼得大教堂、梵蒂冈博物馆等，每年都有千千万万的游客前来参观游玩。

　　万神殿——公元前27年兴建、公元120年重建的万神殿（Pantheon），被米开朗琪罗赞叹为"天使的设计"。万神殿Pantheon的Pan是指全部，theon是神的意思，指必须供奉罗马全部的神。608年它被献给教会作为圣母的祭堂，是罗马时代独创的建筑物中保存得最好的。

　　古罗马竞技场——公元80年建成的雄伟的竞技场堪称公共建筑的楷模。在这里可以见到古罗马建筑最基本的结构和最伟大的成就之一拱券结构，一系列的拱、券和恰当安排的椭圆形建筑构件使整座建筑极为坚固。当时的建

筑就是依靠这种高水平的结构形式，使内部空间得以保证。竞技场设计了
宽敞的阶梯和走廊，并设计了80个拱门，在每一个拱门的入口处都有标有数
字，方便让观众很快找到自己的座位。这样的设计即使在今天也算是很先进
的。竞技场的功能性设计也非常合理，角斗士从何处出入，在哪里休息，猛
兽关在哪里，死伤者从何处抬出，都有清晰的分布。

圣彼得大教堂——这座建于公元5世纪的教堂式建筑，是由米开朗琪罗
亲自为罗马教皇尤利乌斯二世设计的，其正面那座高大耸立的雕像，也是这
座建筑最具标志性的特色。

梵蒂冈博物馆——这个博物馆曾是世界上最小的国家博物馆，同时也是
最伟大的博物馆。因为这个博物馆面积虽然不大，但是里面的藏品可以媲美
伦敦大英博物馆和法国卢浮宫。博物馆本来是罗马教皇的宫廷，后来被改造
成为梵蒂冈国家博物馆。这座博物馆主要以收藏艺术品为主，大部分是文艺
复兴时期留下的艺术精髓，如米开朗琪罗创作的《创世纪》和《最后的审
判》都藏于此，十分值得一看。同时，对于爱好考古的朋友来说，馆内对于
古希腊、古罗马一些文物的收藏同样值得研究。博物馆本身的建筑风格也很
值得称道。

图3-21 梵蒂冈博物馆

在罗马，从特别高级的用品到时髦的小东西样样俱全，是欧洲最容易买到又好又便宜的东西的地方。除了时装首屈一指外，这里的皮具、文具、瓷器、玻璃制品，都是享誉世界的，宗教工艺品也是别具罗马地方风味的上佳纪念品。罗马的大型百货公司在欧洲并不出色，但有许多精致的小店，从鼎鼎大名的名牌到默默无闻的品牌（但商品品质往往非常高）都有。名店如Etro、Armani、Prada和Gucci，在罗马都只是一间小店。因为是原产地，价格都较为便宜，而且正因为小，所以店员往往有更出色的产品知识，也能享受更好的服务。但如果只追逐名牌而忽视了其他小店就非常可惜，因为几乎每家小店都有自己的货源，甚至是自制自销的货品，常有意外的惊喜。正是由于这些时装店（boutique）的各具个性，使人特别喜欢在意大利购物。以下是罗马最为有名的购物街区。

（1）Piazza Spagna 名牌精品街。西班牙广场旁边是罗马最有名的奢侈品一条街。我们所熟悉的大部分奢侈品品牌的包、鞋、衣服等这里都有，里面有不少高端品牌，比如大家都知道的Armani、Burberry、Fendi、Prada、Sergio Rossi、Valentino之类的。这是一条大家都会来的购物街。营业时间：10：00—19：30。交通：地铁A线Spagna站，出站即到。

（2）Via Cola di Rienzo 科拉迪里恩佐大街。在意大利，科拉迪里恩佐大街是一个被大家所熟知的购物地点，种类较为齐全，值得大家去逛一逛。这条街上还有大家所熟知的大型商场Coin，每一层售卖的东西各不相同，包括各种大牌的世界彩妆品牌，以及首饰、鞋、行李箱等；二楼是服装品牌，包括Max Mara、Gucci等众多名牌，不仅涵盖了大众品牌而且还有小众品牌。营业时间：10：00—19：30。交通：交通便利，乘坐地铁或者自驾皆可到达。

（3）Castel Romano Designer Outlet折扣村。这个折扣村为普通规模，品牌为稍逊于上文提到的购物街的知名品牌。但购物环境比较好，有知名品牌Burberry、Versace等，主要品牌有MK、Coach、CK等二三线品牌，还有很多知名的潮牌。营业时间：星期一至星期四10：00—20：00；星期五至星期天10：00—21：00。交通：位于罗马中心火车站（地铁A线和B线交汇处），进站后就可以看到乘车点，还有乘坐出租车的站点，再往前走几步还能看到公交终点站。票价：成人12欧（往返）。

（4）Euroma 2大型折扣购物商城。Euroma 2大型折扣购物商城在罗马中心附近的郊区，是当地人十分喜爱的购物地点之一，这个商场里的东西十分划算，商城有三层，一二层是各种品牌店，第三层是美食广场，汇集了当地有名的美食。Coop 超市价格便宜，一般游客都会带一些当地比较有名的咖啡和巧克力回去送给亲朋好友，还有物美价廉的小物件。营业时间：10：00—21：00。交通：位置比较偏僻，没有可以直达的公共交通工具，可以选择租车自驾前往或者乘坐40分钟左右的出租车前往，如果想乘坐公共交通工具，直接在谷歌地图上查找路线。

二、佛罗伦萨

佛罗伦萨是意大利中部的一个城市，托斯卡纳区首府，位于亚平宁山脉中段西麓盆地中。一直以来佛罗伦萨都是欧洲较为著名的艺术中心，美术工艺品和纺织品在全欧洲都十分有名。同时它也是闻名世界的文化旅游地。工业以玻璃器皿、陶瓷、高级服装、皮革为主。金银加工、艺术复制品等工艺品亦很有名。佛罗伦萨国际当代艺术双年展与威尼斯双年展、米兰三年展并称意大利三大艺术展。每年前来看展的人数不胜数，影响了许多艺术家，同时也带动了当地的经济增长。

佛罗伦萨最著名的是文化旅游，著名的景点有佛罗伦萨学院美术馆、百花圣母大教堂、乌菲齐美术馆等，有着数千年的艺术文化底蕴。

佛罗伦萨学院美术馆位于佛罗伦萨美术学院，藏有米开朗琪罗的"大卫像"、四座未完成的"奴隶像"、第二座"圣母哀子像"和其他佛罗伦斯艺术家的作品。

圣母百花大教堂是佛罗伦萨的地标，外观以粉红色、绿色和奶油白三色的大理石砌成，展现着女性优雅高贵的气质，故称为"花的圣母寺"（Santa Maria del Fiore），与罗马帝国的万神殿、文艺复兴盛期的圣彼得大教堂并称古代欧洲的三大穹顶。圣母百花大教堂穹顶上的巨型壁画《最后的审判》是16世纪艺术巨匠瓦萨利的心血之作。

图3-22　圣母百花大教堂

　　乌菲齐美术馆是意大利文艺复兴的艺术殿堂，珍藏着达文西乔托（Giotto）、拉斐尔（Raffaello）、提香（Titian）、鲁本斯（Rubens）、卡拉瓦乔（Caravaggio）、米开朗琪罗（Michelangelo）、波提且利（Botticelli）等人的杰作。重要作品有波提且利的《维纳斯的诞生》《春》、达·芬奇的《三博士的朝拜》、拉斐尔的《金翅雀的圣母》和米开朗琪罗的《圣家族》等名作。

图3-23　乌菲齐美术馆

　　佛罗伦萨也是意大利比较有名的购物圣地，在这里游客可以挑选到自己心仪的皮具：小到零钱包，大到皮箱。令人吃惊的是，世界知名品牌Gucci的博物馆就坐落在美丽的佛罗伦萨。所以，我们熟知的各种名牌的工厂店和打折村也就都汇集在了这里。

　　（1）Luisa Via Roma顶级时尚精品店。Luisa Via Roma在欧洲十分受欢迎。同时它是意大利顶级奢侈时尚精品店，也是许多喜欢高端商品的人的购物宝库。1930年在意大利佛罗伦萨的市中心第一家实体店成立了，紧邻着世界第四大教堂圣母百花大教堂旁的罗马路，至今依然坐落在这里，还是那么的令人向往。营业时间：周一到周日10：00—19：00。交通：可以乘坐公共交通工具到圣母百花大教堂下车，就可以开始购物了。

　　（2）via De'Calzaioli卡尔查依欧利路。卡尔查依欧利路在佛罗伦萨非常有名，同时它又是最核心、最优雅的街道。这条街大约4米宽，因为比较窄所以没有人行道，但现已为行人辟有专用区。卡尔查依欧利路的两边都有许多当地优雅的商店，从高端的奢侈品商店到价格合理的精品店，这条街上的所有商品基本都能满足购物者的需求。营业时间：周一到周日10：00—19：00。交通：利用谷歌地图搜索，可以选择步行或公共交通直达到圣母百花大教堂。

　　（3）The Mall佛罗伦萨最著名打折村。佛罗伦萨最著名的打折村就是The Mall了，大部分人一下车就直接到这里开始购物，在这里可以买到便宜的Gucci等牌子。当然，打折村里的其他品牌也很多，如FENDI、ALEXANDER MCQUEEN、SALVATORE FERRAGAMO、BOTTEGA VENETA、YSL、BURBERRY、VALENTINO、DIOR、EMILIO PUCCI、ERMENEGILDO ZEGNA、GIORGIO ARMANI、ARMANI JEANS、ROBERTO CAVALLI、STELLA MCCARTNEY等。营业时间：每天10：00—19：00（6、7、8月特别营业时间：10：00—20：00）。交通：乘坐交通工具从佛罗伦萨市中心到The mall通常需35分钟左右。但可以预定在佛罗伦萨中心的酒店，然后到The mall有shuttle bus接送车服务这样就会方便很多。也可以从佛罗伦萨市中心的the Santa Maria Novella train station乘火车坐到Rignano sull'Arno，按照地图导航既方便又省时。

　　（4）Barberino Designer Outlet折扣村。这个折扣村，与其他几个相比起来，会有些许的不同。大部分中档品牌都集聚在这个奥特莱斯折扣村。虽然这里大部分是中端品牌，但像Prada，D&G等奢侈品牌这里也还是有的。值得一提的是，这里的折扣力度特别大，基本为3~7折，而且，这个折扣村的风格是按照文艺复兴时期的建筑进行设计的，方便大家在购物的时候顺便欣赏美景。营业时间：周一到周日10：00—21：00。交通：Firenzesmn火车站前广场东侧有outlet标示的车站牌，每天有班车，乘坐班车既方便又划算。最早班车9：30，最晚返回班车21：15，大概40分钟到。

三、米兰

米兰，位于意大利的西北方，是意大利的第二大城市，也是欧洲南方的重要交通要点，以观光、时尚、建筑闻名，拥有丰富的文化古迹和遗产，拥有充满活力的夜生活与独特的料理，以及著名的传统歌剧。它是闻名于全世界的时尚艺术中心和世界设计之都。米兰是全球第十二昂贵的居住城市。当然，米兰也有许多值得游玩的景点。

米兰主教大教堂，是世界上最大的哥特式建筑，十分壮观，令人震撼，是世界第二大教堂。纷繁复杂的塔尖，独特华丽的设计，或许这座教堂正是米兰时尚精神的源泉。这座教堂曾举行过拿破仑的加冕礼，也让达·芬奇为之着迷，甚至为了这座教堂，达·芬奇还发明了电梯。如今，这座教堂已经不仅仅是宗教精神的象征，更是时尚的象征、独特的象征、意大利的象征。

米兰布雷拉画廊是意大利著名的绘画展览馆，1809年由拿破仑一世创办。最初展出的是为米兰美术学院收藏的名画，以后展品陆续增加，以文艺复兴时代的绘画作品为主，另有荷兰和佛兰德斯画家的一些作品。著名的如G.贝利尼的《圣母子像》、A.曼泰尼亚的《哀悼基督》、皮耶罗·德拉弗兰切斯卡的《布雷拉祭坛画》、拉斐尔的《圣母的婚礼》、丁托列托的《圣马可的奇迹》等。

图3-24 米兰大教堂前的雕塑及街景

米兰可以说是意大利最有名的购物天堂，几乎世界上的一半奢侈品牌都诞生于此，是最出名的阿玛尼、范思哲、芬迪、普拉达、古驰、迪奥、华伦天奴、杜嘉班纳、Miumiu、Mediolanium等各种时尚品牌的总部。米兰城有世界时尚之都的美誉，蒙特拿破仑大街上的时装商店举世闻名，埃马努埃莱二世长廊被认为是世界上最古老的购物中心。

（1）Vittorio Emanuele II维多利亚埃马努二世拱廊。米兰的标志性建筑，坐落于米兰大教堂的广场北侧。每天都有无数游客前来参观。拱廊两侧的建筑物雕刻和壁饰整体偏于宫廷式风格，富丽堂皇。在这里逛街，有一种身处宫殿里的浪漫感觉。最重要的是，即使这里的商店不打折，奢侈品的价格也比国内便宜非常多。营业时间：每天10：00—19：00。交通：按照谷歌地图乘坐地铁在大教堂（Duomo）站下即可到达目的地。

（2）La Rinascente商场。米兰最有名的标志性建筑Duomo广场（米兰大教堂）旁的La Rinascente，是意大利最大的连锁百货公司，并且在各大城市中都有连锁店，客流量也十分可观，从服装到彩妆，从饰品到手表，从包包到鞋子，从高端奢侈品牌到价格亲民的品牌，十分全面。营业时间：

每天10：00—19：00。交通：根据谷歌地图乘坐地铁M1、M3线在大教堂（Duomo）站下就可到达。

（3）黄金四角区。黄金四角区由蒙特拿破仑街、圣安德烈街、史皮卡大道、鲍格斯皮索四条大名鼎鼎的名品街组成的。它们就像围城一样形成了四四方方的一圈，在夏季打折期间经常可以看到打扮光鲜亮丽的男女在门口排队，然后涌进商店内疯抢的景象。世界上各个大牌和各种知名流行品牌基本都能在这里找到。其中还有很多品牌的旗舰店。营业时间：每天10：00—19：00。交通：按照谷歌导航，乘坐地铁M3线在Montenapoleone站下即可到达。

（4）Fidenza Village打折村。Fidenza Village打折村在全欧洲都很有名，因为这是一家小镇型的购物村，里面是欧美各国的流行品牌。主要有Armani、Dior、Marni、Michael Kors、Celine、CK、D&G、Desigual、Elisabetta Franchi、Pinko、Furla、Hermès等品牌。营业时间：每天 10：00—20：00。交通：可搭乘公共交通工具火车至距离该村最近的Fidenza站下车，然后再搭乘Bus Navetta至奥莱村。票价：成人往返20欧元/人；5—10岁青少年10欧元/人；5岁以下免费。

四、威尼斯

威尼斯是意大利著名的旅游城市与工业城市。它曾经是威尼斯共和国的中心，被称作"亚得里亚海明珠"，十字军进行东征时也曾在这里集结，堪称世界最浪漫的城市之一。威尼斯市区涵盖意大利东北部亚得里亚海沿岸的威尼斯潟湖的118个人工岛屿和邻近一个人工半岛，更有117条水道纵横交叉。威尼斯的建筑、绘画、雕塑、歌剧等在世界有着极其重要的地位和影响。威尼斯有"因水而生，因水而美，因水而兴"的美誉，享有"水城""水上都市""百岛城"等美称。

威尼斯是世界著名的旅游胜地，著名的旅游景点有黄金宫、彩色岛、圣马可教堂、里亚托桥，此外，每年的威尼斯电影节也吸引着大量的游客前来参加。

黄金宫是威尼斯最大的哥特式建筑，以整齐的排布和金灿灿的颜色而闻名遐迩。宫殿外表被漆成金黄色，在阳光下十分耀眼夺目。这座所谓的"宫殿"其实又名法兰盖提美术馆，馆内收藏着多位威尼斯画派画家的佳作。许多美术爱好者都对黄金宫十分感兴趣，因为这座美术馆从外到内都充满了艺术的宝藏，是一座实在的"艺术金库"。

彩色岛这个小岛堪称是威尼斯的"童话小岛"。岛上并没有特别的景点，吸引人的是小岛上的房屋都被漆成了各种绚丽的色彩。艺术家们用色大胆，把这座小岛打造成了一座童话的世界。许多游客来到这座小岛为的就是沉迷那一霎那的浪漫，在一个故事书里才会出现的世界里扮演一天的公主或王子，好好地满足一下自己童年的愿望。另外，岛上的手工艺品也十分物美价廉，可以考虑买来当作伴手礼。

圣马可教堂（Basilica San Marco），圣马可是耶稣的使徒，是《马可福音》的作者。这个教堂修建于公元829年，教堂的风格为拜占庭建筑风格，它把东西方建筑的精髓融合在一起。教堂祭坛下面是圣马可的陵墓。教堂内部装饰着许多拜占庭风格的具有艺术气息的马赛克装饰画。

威尼斯的大街小巷处处隐藏着惊喜，不仅有各种高档奢侈品商店，还有精美的工艺小店，游客可以在美好的威尼斯先游玩再购物。

（1）桑莫依哲街（Via san moise）。威尼斯的地图看起来像一条鱼，十分有趣。购物商场和景点与其他城市比起来比较集中，因为圣马可教堂是个知名的旅游景点，所以各大品牌也都集聚在圣马可广场附近的桑莫依哲街。逛完圣马可广场和总督府，就可以开始购物了。此外，购物后，可以在有400多年历史的花神咖啡馆喝一杯咖啡，享受悠闲时光。营业时间：每天10：00—19：00。交通：徒步或者坐船到圣马可广场，就可以开始购物。

（2）Noventa di Piave打折村。这个折扣村是威尼斯附近的一线品牌折扣村，不过，来这里买东西的人并不是很多，但是这里的货品尺码很全，是一个靠谱的购物地点。包括ARMANI，BALLY，BOTTEGA VENETA，CALVIN KLEIN，COACH，FENDI，BOSS，MICHAEL KORS，MOSCHINO，PINKO，SALVATORE FERRAGAMO，VALENTINO，VERSACE等。营业时间：每天10：00—20：00。交通：因为没有直通班车，所以要先从威尼斯坐火车到SANDONÀ DI PIAVE，然后再乘坐班车。

（3）Atelier Marega手工面具工坊。在威尼斯随处可见面具工坊，这家

Atelier Marega手工面具工坊，制作比较精美的手工面具，历史悠久，制作工艺精良，买一款心仪的面具，也是异国之行的最好纪念品。

（4）威尼斯水晶玻璃工厂博物馆。在这里，你不仅可以看到各式玻璃制品，还能够看到工匠的当场表演，其工艺让你惊叹，各种颜色造型的玻璃器皿在这里都有出售，而且质量上乘，甚至有的摔在地上也不破。

（5）里亚托市集。这是一个集市性质的卖场，有各式各样的小商品，可以跟店家讨价还价，也许你会在这里发现你喜欢的商品和惊喜哦。

（6）Lanterna Magica威尼斯。这是一家专门经营手工玩具的店铺，历史悠久，很多玩具都由当地的工匠们设计和制作。作为给孩子们的伴手礼，非常具有异国风情。

（7）La Venexiana Atelier工艺品店。这里出售意大利的皮革饰品，意大利皮革制品是当地的一大特色，去买的朋友可不要错过，不仅价格便宜，而且制作工艺精良，有各式皮包、皮衣、皮带等皮制品。

（8）DFS旗下威尼斯T广场。靠近里亚尔托桥，这里有意大利顶尖的奢侈品牌腕表珠宝及工艺品，作为购物的重要景点，也是不可错过。

第四节　意大利园林

意大利园林一般以15世纪中叶至17世纪中叶的文艺复兴和巴洛克时期的园林为代表，其中台地园在西方古典园林风格的形成中发挥着重要作用，被称为欧洲园林体系的始祖。

一、意大利园林的起源与发展

意大利园林起源于罗马时代，希腊的造园艺术对其产生了一定的影响。罗马时代的园林目前现存较少，其特点只能通过遗迹、壁画和书籍去了解，如雕塑、喷泉、植物、花卉、林荫道等，这些要素是意大利园林的主要特征。在文艺复兴时期，意大利园林得到发展，按照时间可以划分为三个阶段。

（一）文艺复兴初期

　　文艺复兴初期的意大利庄园大多数选址在佛罗伦萨郊外的山坡上，由几层台地组成，台地之间没有贯穿的中轴线，相对比较独立。在最高一层台地上，一般是建筑要素，可以有较好的视野。在局部的构图中，一般以水池喷泉与雕塑的结合作为构图的中心，形状及理水技术还比较简单。在下层的台地，一般是简单的绿篱图案。中世纪的建筑风格在这一时期还留有痕迹，如小窗、雉堞等。具有代表性的有美第奇庄园、卡雷吉奥庄园、卡法吉奥罗庄园等。

（二）文艺复兴中期

　　这一时期意大利台地园发展得更为成熟，选址一般在罗马的郊外山坡上。与文艺复兴初期不同的是各台地之间不再相互独立，而是有了明确的贯穿中轴线，把各层台地有机地结合起来，中轴线的布置一般以对称的景物为主。在整体布局上，建筑要素更好地融于整个园林，园林相当于建筑的室外延伸。在局部的构图中，一般以绿篱、水池与雕像的结合作为构图的中心。理水技术相对成熟，运用水和背景的对比效应、水的音响效果、水的不同形式，如水风琴、喷泉、瀑布等。在植物景观方面也有了很大的发展，绿篱被修剪成不同的高度，用于舞台背景、绿色壁龛、洞府等。

（三）文艺复兴后期

　　在文艺复兴后期，欧洲建筑进入巴洛克时期。受巴洛克风格的影响，意大利园林艺术也开始追求新的变化，夸张的手法、景观小品与建筑小品的大量运用、烦琐的细部装饰、发达的绿篱建造技术是这一时期意大利园林的主要特征。

二、意大利园林的主要特征

　　意大利园林多建在丘陵斜坡上，附属于别墅，由几层台地组成，中轴线的布置以对称景观为主，如水池、喷泉、雕塑、绿植等，花的运用比较少。重视水的处理，运用地形的优势从高处引水，形成瀑布或跌水，运用水压在平台上形成喷泉。别墅的建筑多建在高层台地上，拥有较好的观景视野。意大利园林常被称为"台地园"。

（1）台地造园。园林建在丘陵斜坡上，因地势由几层台地构成，在高处可以俯瞰整个园林及周围景观，常运用借景的手法将园林与周围环境融为一体。

（2）轴线控制。园林一般由中轴线贯穿，以对称景观装饰，逐渐向四周延伸，使整个园林有机结合起来形成一个整体。

（3）常绿树木。园内绿植多采用常绿树，塑造出不同形状，与建筑、雕塑及水体交相辉映，使园林常年保持观赏性。

（4）内容丰富。园林内不仅有建筑、绿植、喷泉、雕塑等，还有凉亭、挡土墙、花架、壁龛、洞府等诸多要素，这些要素共同组建出具有艺术价值的意大利园林。

（5）功能多样。园林内不仅有常见的功能，如亭子、花园和露台，还有特殊的功能，如室外剧场、柑橘园等，满足园主丰富的需求。

（6）水景丰富。水景是意大利园内的重要题材，不仅利用水与周围景色产生倒影的明暗变化，还利用水的声音造出水风琴等。水的变化形态是多样的，在意大利园林中水的运用令人叹为观止。

三、意大利园林的分类

文艺复兴时期意大利园林分为美第奇式园林、台地园林、巴洛克式园林三种类型。

（一）美第奇式园林

美第奇式园林以规则式布局为造园基本手法，主张园址建在可眺望佳景的山坡上，建筑与园林形成整体，达到视觉上协调一致的效果。具有代表性的有卡雷吉奥庄园、卡法吉奥罗庄园和菲埃索罗庄园，其中以菲埃索罗庄园最为著名。

（二）台地园林

台地园林是以规整为主要特征的园林形式，多建在丘陵山坡上，依据地形由台地组成，中轴线贯穿形成统一的整体，布置对称景观，与周围自然风光融为一体。台地园林的景观元素是欧洲园林的发展源头，奠定了其在欧洲园林体系的始祖地位。在文艺复兴中期，台地园占据主要地位，具有代表性的有兰特庄园、法尔奈斯庄园、卡斯特庄园和埃斯特庄园。

（三）巴洛克式园林

巴洛克式园林的主要特征是新、奇、特，运用夸张的手法来塑造景观，建筑的地位比较突出，装饰方面注重小品装饰，是文艺复兴后期的主流风格。具有代表性的有伊索拉·贝拉庄园、冈贝利亚庄园和加尔佐尼庄园。

四、意大利园林的构景要素

（一）建筑性要素

在意大利园林中，建筑性要素主要包括雕塑、挡土墙、栏杆、台阶等。雕塑基本上是意大利园林的必备要素之一，在造型上多以神话人物为主。意大利园林多建在斜坡上，挡土墙的运用在园林的丰富构图中发挥着重要作用，与水体的结合较多，同时设有神龛，墙上有不同造型的栏杆。台阶在意大利园林中运用得也比较广泛，根据地形设置不同形状、不同材质的台阶，台阶旁也会根据需要来设置栏杆。

（二）水体要素

意大利园林对水的运用可以说是令人叹为观止，理水技术比较成熟，充分利用了水的现象、水的声音、水的形态来塑造出千变万化的水景。水景是意大利园林内的重要题材，水的变化形态是多样的，利用水与周围景色产生倒影的现象，形成明暗对比变化；利用了水的声音创造出水风琴、水剧场等；利用水的形态与地势结合形成水阶梯、跌水；利用水压形成喷泉。动水与静水的组合运用，展现出意大利园林丰富的水体景观。

（三）植物要素

意大利园林中植物不仅仅发挥着绿化的作用，同时还发挥着建筑的作用，即在设计中把植物元素与建筑元素相结合，遵循规则的几何图案把植物建筑化，从而塑造出了独特的植物景观。如修好的树篱被用来环绕道路两侧，形成具有复杂图案的通道；植物也被视为建筑材料，取代了砖、石头和金属，起到了墙壁和栏杆的作用。

图3-25　波波利花园的植物墙

五、意大利著名的园林

（一）哈德良别墅（Villa Adriana）

哈德良别墅建于公元2世纪，是古罗马皇家花园，离宫占地约18平方公里，位于罗马东30公里的蒂沃利古镇，是哈德良皇帝的人间伊甸园。1999年被列入《世界遗产名录》。

图3-26 哈德良别墅遗址

（二）卢福罗花园（Garden Rufolo）

卢福罗花园建于13世纪，位于阿马尔菲海岸拉维罗，是中世纪贵族卢福罗家族的府邸。卢福罗花园的层次感强烈，通过丰富的植物与自然美景的结合打造出一座引人入胜的绝美花园。

图3-27　卢福罗花园

（三）帕多瓦植物园（Botanical Garden）

帕多瓦植物园是世界上首座植物园，于1545年由帕多瓦大学建造，是一座封闭式的圆形花园，其象征着整个世界，园内被分成四块，水流环绕四周。帕多瓦植物园是科学研究基地，因其重要的历史和文化价值，1997年被列入《世界文化遗产名录》。

（四）埃斯特庄园（Villa D'Este）

埃斯特庄园是典型的意大利台地园，是文艺复兴中期的园林经典，位于意大利蒂沃利，是一座悬挂式花园，面积约4.5公顷。庄园内中轴线贯穿形成统一的整体，理水技术成熟，拥有丰富的水景，园内规划大小喷泉上百个。2001年被列入《世界文化遗产名录》。

（五）兰特庄园（Villa Lante）

兰特庄园是一座拥有巴洛克风格的台地园林，位于罗马北面巴涅亚小镇，修筑于山坡上。兰特庄园由四个台地组成，中轴线贯穿，整个庄园成对称状，建筑、水体及植物与周围景观融为一体，是意大利园林的经典之一。

（六）朱斯蒂花园（Giardino Giusti）

朱斯蒂花园位于维罗纳城东部，是朱斯蒂家族府邸的一部分，建成于16世纪，被公认为是意大利最美花园之一。花园内郁郁葱葱的柏树、造型优美的喷泉、精致的景观雕塑和神秘瑰丽的迷宫，无不吸引着游客前往一探究竟。

（七）卡斯泰洛别墅（Villa Castello）

卡斯泰洛别墅始建于1538年，是美第奇家族的最古老花园，位于佛罗伦萨郊区的菲耶索莱，园内景观以中轴线对称分布，是16世纪意大利园林的经典代表。这座花园在第一次世界大战时遭受破坏，经过重建，深度还原当时原型，被认为是最接近文艺复兴时期的花园。

图3-28　朱斯蒂花园

（八）波波利花园（Boboli Gardens）

波波利花园位于佛罗伦萨，建于16世纪，原是美第奇家族的私人花园，18世纪向民众开放。波波利花园是巴洛克风格园林，园内纵横两条轴线形成鲜明特征，整个园林呈几何状分布，众多雕塑作品装点花园，仿佛是一座雕塑艺术的博物馆。

图3-29　波波利花园

（九）塔兰托别墅（Villa Taranto）

塔兰托别墅占地16公顷，位于意大利北部马焦雷湖畔，依山傍水，风景如画。园内种植了上千种世界各地的珍稀植物品种，从春到秋，色彩纷繁的鲜花格外亮眼。位于园内东北部的花园高低错落，可谓是园内的颜值担当。

图3-30　塔兰托别墅

（十）辛伯龙庄园（Villa Cimbrone）

辛伯龙庄园位于阿马尔菲海岸拉维罗，历史非常悠久，位于海平面350米之上，处于观景最佳地理位置，在许多电影中我们可以看到辛伯龙庄园的取景。因其历史悠久，在庄园内可以看到很多古物，并且庄园的豪华程度也是令游客惊叹的。

第五节　意大利民俗旅游资源

一、传统节日

（1）元旦Capodanno（1月1日）。这一节日又称新年，是辞旧迎新的日子。在跨年夜，意大利人会在各个城市的中心广场上唱歌、跳舞、狂欢，举办各式各样的活动来迎接新年的到来。还有一种摔盘子的习俗，以表示辞旧迎新。

（2）主显节Epifania（1月6日）。这一节日是纪念耶稣显灵，也是意大利的儿童节。传说中，在这一天女巫贝梵纳骑着扫帚从烟囱钻进来，把送给孩子的礼物放在靴子里，而淘气的孩子只会收到一块像黑炭的糖。

（3）狂欢节Carnevale（复活节前41天）。根据基督教规定，复活节的前40天为大斋期，所以在大斋开始前一天举行一次狂欢活动，现在人们普遍对教规不是很在意，但是狂欢节习俗却延续了下来，狂欢活动也不止一天。

（4）复活节Pasqua（春分月圆后的第一个星期日）。这是庆祝耶稣死后三天又复活的节日，节日的象征是彩蛋、兔子和小鸡，代表着新生命的诞生。

（5）国庆节Festa Nazionale（6月2日）。1946年6月2日，意大利废除君主制，建立共和国，因此这一天被定为国庆节，当天首都罗马会举行隆重的阅兵仪式。

（6）八月节Ferragosto（8月15日）。盛大的8月节舞会在这一天举办，在城市的许多广场上，举办专业舞蹈表演，现场演奏音乐，公众也会被邀请进来一起跳舞。舞蹈类型有探戈、摇滚、嘻哈、朋克等。人们会在八月节前后度假，享受夏天的激情和欢乐。

（7）万圣节Ognissanti（11月2日）。万圣节是为亡者而设的，这一天要扫墓并以白色或黄色菊花祭奠，在意大利并不流行美国风格的万圣节活动。

（8）圣诞节Natale（12月25日）。这是纪念耶稣生日的节日，耶稣诞生的场景是最重要的装饰之一，通过各种材料的小雕像重建耶稣的诞生场景。在各大城市主要的广场上，都有一棵巨大的被装饰好的圣诞树。

图3-31　圣诞节期间的圣彼得大教堂

二、特色民居

在意大利的阿普利亚地区有一种非常独特的圆锥形石灰岩民居，它看起来就像一个个小山丘，连成一片就形成一种蔚为壮观的景观。它是用板岩一块块垒起来的，没有使用任何粘接剂，而是采用了一种特别的托梁系统仔细地分配受力而建成的。它们有的直接矗立在地面上，有的下面是方形的房屋，有的独立成形，有的几个圆锥连在一起。在圆锥的顶端通常有一个导锥形的收口，上面有小圆球或者十字架等叶尖装饰。圆锥的高度由房屋的重要性决定，越重要的房屋锥顶越高。烟囱位于房屋的一角，房屋的墙壁和烟囱以及圆锥的顶端刷上白灰，和蓝天形成对比。这种民居自古有之，但是直到17世纪时才终于定型。

图3-32　圆锥形屋顶民居

三、烹饪技艺

意大利菜以其精致的菜肴闻名于世。与法国菜不同，它有自己的风格和特色，注重原料的本质本色和火候的使用，成品力求保持原汁原味。在烹饪过程中，喜欢用大蒜、洋葱、番茄酱和奶酪。

（一）火候的掌握

意大利菜肴以炒、煎、烤、烩、焖等烹调方法为主，非常讲究火候的运用，许多菜肴烹饪至六、七成熟，有的是鲜嫩中带血，如罗马式炸鸡、安格斯嫩牛扒。米饭、面条和通心粉需要一定的硬度。

（二）自然的风味

意大利菜巧妙利用食材的自然风味烹制美馔，橄榄油、黑橄榄、奶酪、香料、西红柿和马尔萨拉酒是烹饪意大利菜肴必不可少的，是意大利菜烹饪的灵魂。西红柿、龙须菜、胡萝卜等是常用的蔬菜，大米被用作配菜，配以肉、牡蛎、蘑菇等。意大利人重视肉类的加工，如风干牛肉、风干火腿、腊腿等，非常适合做开胃菜及下酒佐食，在全世界都很有名。

（三）繁多的花样

意大利美食拥有繁多的花样和丰富的口味。著名的有意大利面、比萨饼等。意大利面形状各式各样，如斜状、条纹状、螺旋状、蝴蝶状、贝壳状等，颜色五彩缤纷，有红色的、黄色的、绿色的、黑色的等，所有颜色都不是色素，而是来自红甜椒、南瓜、菠菜、墨鱼汁等天然食材。基础酱汁是三种，番茄酱、鲜奶油酱和橄榄油酱，搭配香料、海鲜、牛肉或蔬菜，可以变成各种口味。

图3-33　美味的意大利面

第四章

意大利旅游市场

　　旅游市场通常是指旅游需求市场或旅游客源市场，即某一特定旅游产品的经常购买者和潜在购买者。从经济学角度讲，它是旅游产品供求双方交换关系的总和；从地理学角度讲，它是旅游市场旅游经济活动的中心。旅游市场属一般商品市场范畴，具有商品市场的基本特征，包括旅游供给的场所（即旅游目的地）和旅游消费者（即游客），以及旅游经营者与消费者间的经济关系。按照不同的划分方式可以将旅游市场划分为不同的类型，如按地域范围分为国际和国内旅游市场；按旅游接待量和地区分布划分为一级市场、二级市场和机会市场；按旅游资源的不同可以划分为人文、自然、购物和乡村旅游市场。

第一节　国内旅游市场

　　国内旅游市场是指旅游活动在一国范围内进行，旅游者为本国居民。国内旅游市场与国际旅游市场相互依存，密切联系，国内旅游市场是国际旅游市场的基础，国际旅游市场是国内旅游市场的延伸。

　　一般来说，在经济发展的基础上，先发展国内旅游，后发展国际旅游，这种顺序遵循了社会发展规律，同时也是发达国家发展旅游业的一般模式。许多发展中国家为了促进本国经济发展和扩大外汇收入，会选择优先发展国际入境旅游，进而发展国内旅游和国际出境旅游。这是一种非常规性的发展旅游业的模式。随着经济不断飞速增长，国内居民收入水平和生活质量不断提高，国内旅游市场的规模也迅速扩大。

　　意大利不仅是世界上拥有耀眼的古老文明的国家之一，也是世界时尚购物的前沿，还是闻名世界的美食打卡地。璀璨的文化、诱人的美食和引人追逐的时尚这"三大秘密武器"是吸引着世界各地的游客前来旅游的法宝。在这众多游客中，意大利本土游客也占据了一定的比例。

一、意大利国内旅游市场的特征

　　（1）旅游者是本国居民，在旅行中为旅游开支使用同一货币支付，游客可以在国内自由旅游，不需要办理各种繁杂的手续，因此，国内旅游市场自发性、随意性较强。意大利节假日较多，受限于时间与经济水平并在城市居住的年轻人大多数都会选择国内游。

　　（2）国内旅游市场的客源一般是从经济发达地区到经济欠发达地区，从旅游资源匮乏地区流向旅游资源丰富地区。意大利旅游资源丰富，从自然资源到文化资源应有尽有。

　　（3）相对于国际旅游市场来说，国内旅游市场的消费水平偏低，游客停留的时间也较短。意大利央行发布的数据显示，2017年第二季度在意大利境内登记住宿的外国游客超过1.02亿人次，上年同期约为9580万人次；当季外国游客在意消费总额达114亿欧元，同比增长5.9%。当地媒体认为，数据显示意大利旅游业呈积极增长态势。

二、意大利国内旅游市场的结构

　　意大利是一个知名的旅游大国，拥有独一无二的丰富的自然资源与人文资源，世界遗产共有58处，居世界首位。意大利《24小时太阳报》曾报道，意大利的自然资源为意大利旅游发展做出了巨大贡献，2019年意大利旅游业产值超过400亿欧元，占据意大利GDP的13%。

自2015年以来，意大利政府相关旅游部门连续推出吸引中国游客的多项措施，有简化签证政策，开通中文网站、微信公众号，引进便捷支付方式，在酒店为中国游客增设热水壶，设计精美的意大利旅游线路，在博物馆、艺术馆、古罗马遗址、购物中心等地方为游客集中地开通中文WiFi和中文导游服务等。进入意大利的中国游客数量每年以6%～8%的态势增长。据《旅游业报》报道，2019年前往访意大利的中国游客预计超过600万人次。

据意大利旅游经济研究中心的统计数据，2017年抵意外国游客达9060万人次，外国游客在意消费总额达392亿欧元，较2016年上涨约7.7%，占意大利2017年国内生产总值的2.3%。

意大利旅游经济研究中心和意大利央行联合发布旅游数据称，2018年抵意外国游客数量比2017年增长约4.7%。

意大利旅游业发达，吸引了大量中国游客前往。来自中国驻意大利大使馆的数据显示，2017年意大利接纳了近140万中国游客，是中国游客在欧洲的热门旅游目的地国之一。中国游客在意大利境内的人均消费额也在外国游客中名列前茅。2019年意大利游客共支出约840亿欧元，其中443亿来自外国游客，占游客总支出的52.7%，国内游客支出占47.3%。

在春季和夏季假期，中国游客将目光转向了南部和文化旅游新目的地，如庞贝城、阿马尔菲和阿格里真托神庙谷等世界遗产。除了上海和北京之外，广州和成都也成为重要客源地。25至34岁的女性旅行者特别喜欢在2月、7月和10月去意大利，并且喜欢拉齐奥、威尼托、托斯卡纳、伦巴第、艾米利亚-罗马涅和坎帕尼亚等大区。最热门城市依次是米兰、罗马、佛罗伦萨和威尼斯，同时这也是意大利本国人去得最多的城市。这是意大利国家旅游局研究部门根据UNWTO、Banca d'Italia、Etc、Istat、Eurostat、Forwardkeys以及意大利国家旅游局在全球30个代表处的监测分析得出的结果。

前往意大利的中国游客持续增长催生了规模较大的华人旅游产业链。旅游产业链包括专营机票业务的旅行社，各种高、中、低端地面接送机构，自备商务车的华人司机、兼职导游等，种类齐全。仅米兰一个地区的大团导游和司导就有600~800人，还不包括各种兼职导游的留学生和机场接送人员。保守估计，至少有3000名华人在意大利从事旅游业。

数据显示，前往意大利的中国游客的年增长率为18%。而且多年来意大利一直是中国公民赴欧洲旅游的首选旅游地之一，自2004年开放中国公民赴欧旅行以来，意大利大使馆办理的申根ADS签证数量始终一直排在前两位。目前，前往意大利的中国游客各个年龄段都有，意大利的旅游热门城市有米兰、罗马、佛罗伦萨、威尼斯、比萨、那不勒斯等。

意大利国家旅游局局长塞斯帝诺·瑞达意利曾说，意大利为推动旅游业的可持续发展增加了教育旅游、医疗保健旅游及古迹体验居住旅游等新型旅游项目。为此，意大利相关政府部门为游客建设自行车道路，方便进行环保骑行旅游，欣赏意大利美景。此外，在意大利观看足球联赛、欣赏法拉利赛事等，也可以为中国游客带来更为激动人心的旅行体验。

在一系列积极因素的推动下，中国游客对意大利的满意度在不断上升。据中国旅游研究院发布的《2014年全年出境游客满意度调查报告》显示，意大利在中国游客满意度中排名第六，特别是2014年第三季度24个样本国家中，意大利游客的满意度最高，满意度为79.95%。数据显示，中国游客在米兰购买的免税商品数量在过去七年中持续增长。2014年前10个月购买力增长了13%，中国游客消费额占米兰免税市场的24%，仅次于位于第一名的俄罗斯人（27%）。

与意大利一样，中国也拥有着丰富的文化资源和旅游资源，每年都吸引着意大利人前来旅游。2014年，意大利前来中国旅游的游客数量为25.31万人。根据中国旅游舆情传播智库发布的《意大利来华旅游舆情调查报告》分析，参与调查的意大利人都对来中国旅游非常感兴趣，其中70%表示"非常有兴趣"和"有些兴趣"。最令意大利游客感兴趣的是中国悠久的历史和壮美的自然风景，二者总计超过60%。意大利人对中国旅游业的发展和服务也非常满意，尤其是旅游住宿和旅游景点，90%以上的意大利游客表示满意。在中国城市中，北京在意大利游客中的受欢迎程度达到58.6%，排名第二。意大利游客对中国名胜古迹认知度最高的是长城，其次是紫禁城和十三陵。

第二节　国际旅游市场

　　国际旅游是国内旅游的延伸和发展。一般说来，任何一个国家的旅游业都是先从国内起步，国民的旅游行为也是优先考虑中短途的国内游，当国内旅游行业日益成熟后，旅游者和商家就开始慢慢不满足于单纯的国内游，进而开拓国际旅游市场。

　　国际旅游市场是指在旅游产品生产和交换过程中所反映出的旅游者与经营者之间各种经济行为和经济关系的总和；从现实来讲，国际旅游市场实际上是由旅游者、旅游经营者、旅游产品、交换媒介等所构成的旅游产品交换活动的具体形式，其集中反映了旅游产品生产和交换的内在联系和本质特征。旅游者和旅游经营者是国际旅游市场的主体，旅游者产生需求，旅游经营者提供供给，供给和需求即构成市场；旅游产品是国际旅游市场的客体，旅游产品由旅游经营者提供，由旅游者购买；交换媒介是国际旅游市场的运行条件，所谓交换媒介和手段，是指有效实现国际旅游产品在旅游者和旅游经营者之间进行交换的必备条件，其中包括：货币（汇率）、信息（宣传者）、中介人（旅行社等）、基础设施（交通）。

一、意大利国际旅游市场的特征

（一）全球性

　　经济全球化促进了物资、人员在全世界范围内的流动，旅游全球化作为这一进程引发的效应之一，无论在覆盖范围、时间跨度还是经济、文化内涵上都在不断拓展与深化，旅游全球化有着深刻的经济、社会与文化动因，也给旅游相关国家带来了经济、社会、文化等多方面的影响。从某种意义上讲，旅游业的全球化是指世界范围内各国和各地区的旅游业融合成整体，按照市场经济的要求使生产要素自由流动和合理配置的历史过程。旅游业的全球化最明显的标志之一是旅游业的跨国经营，国际旅游活动也遵循着由国内到国外、由区域向全球的发展过程。

（二）波动性

波动性是由复杂的国际环境决定的，复杂多变的国际形式导致了相对波动的国际旅游市场，主要包括政治原因、经济原因、突发疫情和自然灾害原因等，比如在意大利西西里岛北部的利帕里群岛中，有一座著名的活火山——斯特龙博利火山（Stromboli），该火山海拔高926米，火山口直径达580米，数百年来，它几乎每隔几分钟就会喷发一次，爆发的强度和持续时间各有不同，特别是夜间火山喷发时，红光漫天浓烟滚滚，熔岩灼烧着周围的海水，掀起层层水汽，漆黑的海面上火光浓烟交错，成了海员们天然的罗盘，斯特龙博利火山的经常性爆发也使它成了茫茫大海上的一座天然灯塔，也是世界上最负盛名的火山之一。

（三）多样性

国际旅游市场多样性的特点，主要表现为旅游者出游的需求和动机各不相同而形成多种多样的旅游需求市场，同时，因旅游经营者受各种社会、经济、环境条件的制约，也会呈现出多种多样的旅游供给市场。国际旅游市场的多样性具体可以总结为旅游动机、旅游产品、交换方式的多样性。旅游消费需求的转变、旅游体验性的要求以及经营者对利润的追求推动着旅游市场不断朝着多样化的方向发展，且旅游业是辐射带动性最强的产业之一，目前旅游业与农业、工业、房地产等诸多产业融合，不仅更新了旅游业态，更带来了其他产业的第二春。值得一提的是，旅游业态发展在呈现多样性的同时，还表现出时代性、虚拟性和定制化与规模化相结合的发展特点及趋势。

（四）季节性

世界各国家和地区气候差异及其他自然生态环境要素的季节变化、地域间的差异性，以及各个国家和地区的休假制度和闲暇时间的安排差异，都会导致旅游者出游时间的差异，由此就产生了"淡""旺"季等时序不均的问题，即旅游市场季节性问题。

以旅游目的地特点的影响为例，坐落在多洛米蒂山（Dolomites）Val Rendena小镇的坎皮格里奥（Campiglio）被称为麦当娜圣地，这个热情的小村庄群山环抱，和滑雪胜地马里尔伊瓦（Marilleva Folgarida）比邻，提供了长达150公里、海拔2600米的滑雪道，具有多种难度等级，适合新手和熟练者同时游玩。

意大利南部那不勒斯湾卡普里岛（Capri）最著名的景点——蓝洞（Grotta Azzurra），被誉为世界七大奇景之一。蓝洞的洞口在悬崖下的海面上，洞口很小，宽度只有2米，海面以上的高度只有85厘米，但洞里很宽敞，长约54米，宽30米，水面到洞顶最高达22米，水面以下深度10米左右。参观蓝洞要选择天气晴好、退潮的时间前往，避免大风天气，同时在船夫的带领下坐小船进入。进入洞内的一瞬间，仿佛进入了另一个世界，阳光从洞口照射进来，同时被洞内水底反射，洞内的池水一片晶蓝，四壁也映成一片蔚蓝，魔幻而静谧。

二、意大利国际旅游市场的结构

一直以来，意大利都是长途旅行高消费游客最喜爱的重要目的地之一，其最重要的消费群体主要包括中国、美国和俄罗斯游客，自进入21世纪以来，在消费需求的刺激下，意大利旅游业发展迅速，市场收入也随之增加。意大利国家旅游局（ENIT）2019年发布的一组数据表示：在2019年全球旅游总收入统计中，意大利高居第七，2019年意大利游客共支出约840亿欧元，其中443亿来自外国游客。

（一）意大利国际市场之"中国"

中国游客一直是意大利国际旅游市场的重要组成部分，同时是意大利奢侈品最大的消费群体之一。中国和意大利都是有着千年历史的文明古国，拥有数量可观的世界文化遗产，这些因素都深深吸引着双方的民间交往，也促进了双方旅游文化业的发展。2014中国出境游目的地排名中，意大利在全球排第六位，在欧洲国家中居首位；2016出境游最热门的国家中，意大利在全球排第十七位，在欧洲国家居首位；2017年9月ADS协议的签订更是加快了中意交流，中欧旅游交流人数年均增长10%以上，该年首站访问欧洲的中国公民已经超过了600万人。2017年最热门的目的地国家中意大利排名第二，仅次于法国，欧洲热门目的地城市中意大利两个城市上榜：罗马和米兰。2018年，意大利再次成为最受中国游客欢迎的欧洲国家，其次是西班牙、希腊、瑞士、英国和法国。

《文化和旅游部2020年度全国旅行社统计调查报告》数据显示，2019年度全国旅行社出境旅游组织6288.06万人次，其中意大利出境游共946422人，2020年度全国旅行社出境旅游组织341.38万人次，其中意大利出境游共39286人。据统计，网上最受欢迎的产品是意大利一地（10日），以22%的比例排名第一，其次才是经典的旅游线路：法意瑞（10日）、法意瑞+1国（12日）等。

从意大利旅游意向方面进行分析，20世纪80年代的中国游客的目的地意象主要包括自然风光、日常生活、特色建筑、历史遗迹、艺术场景、基础服务6种类型，其中日常生活、特色建筑和历史遗迹是主要意象。当代中国游客目的地意象主要呈现在特色建筑、节庆活动、餐饮美食、游览感受等方面，并且围绕罗马和威尼斯形成以建筑为主的核心区。除此之外，足球职业联赛、法拉利赛事等特色活动也吸引着相当一部分中国游客。

2014年，时任意大利旅游及文化遗产与活动部部长的达里奥·弗朗切斯基尼（Dario franceschini）和意大利国家旅游局局长塞斯帝诺·瑞达意利（Cristiano Radaelli）来访中国，二人表示：最近几年意大利的中国游客在不断增加，相信中国游客将会逐渐成为意大利旅游市场最大的消费群体。同年6月，中意两国文化部签署了《建立文化论坛》谅解备忘录，拓宽了两国在文化领域的交流，进一步推动了中意两国的国际旅游活动，并对引导其实现可持续发展发挥积极作用。2015年米兰世博会的举办，使意大利旅游文化市场迈向了一个新台阶，当年中国就有超过400万人次远赴意大利旅游。

近年来为进一步扩大中意旅游市场，意大利相关政府部门也采取了很多措施，比如，开通意大利旅游中文网站，简化签证手续，在酒店、购物中心、博物馆等著名景点开通中文wifi并提供中文导游服务等。同时增加的中国旅客赴意大利的空中航线进一步促进中国游客赴意大利旅游的增长，达里奥·弗朗切斯基尼表示，为丰富旅游市场，意大利国家旅游局也相应增加了很多实用有趣的项目，比如医疗保健旅游、教育旅游、古迹体验居住旅游等，并且着重宣传了佛罗伦萨、西西里岛等意大利自然资源丰富的中小城市。

（二）意大利国际市场之"全球"

俄罗斯游客也是意大利旅游市场的中坚力量，且是意大利国际旅游的高消费群体之一。据意大利银行计算，俄罗斯游客人均花费173欧元，而其他外国游客在意大利度假的平均花费为117欧元。大手笔的俄罗斯游客偏爱诸如陶尔米纳（Taormina）和阿马尔菲海岸（Costiera Amalfitana）之类的海滨度假胜地，这和俄罗斯人民豪放洒脱的性格分不开，对比于欣赏建筑、享受美食，他们更喜欢找一处壮观的自然景色尽情放松。

美国游客同样是意大利旅游市场的最重要的高消费者。他们则更偏向于前往威尼斯（Venice）和佛罗伦萨（Firenze）等充满艺术气息的城市。巴西游客则热爱卡普里岛（Capri）之类环境优美、气候宜人的自然景区。

（三）意大利国际旅游市场之"后疫情时代"

意大利当局表示，意大利旅游业在疫情影响之下，2020年遭到了严重冲击。在疫情前意大利的旅游价值大约1460亿欧元，相当于意大利GDP的12%，整个行业有216000多家住宿场所和12000多家旅行社的供应链产生。据中国新闻网报道，意大利旅游业联合会发布的2020年旅游市场调查分析报告指出，受新冠疫情影响，2020年赴意大利旅游的外国游客较2019年同比减少了7800万人次，旅游人数减少2.4亿人次，尤其是作为消费主力的美国、俄罗斯和中国游客数量几乎为零，与此同时，意大利公民境外旅游同比减少了3600万人次，相关旅游产业收入目前已经回到了30年前的历史水平。据欧联通讯社报道，欧盟委员会向成员国发布旅游和边境开放建议，从2020年7月1日起取消对14＋1国公民的入境限制，正式向外部15个国家开放边界，但并不包括俄罗斯和美国（疫情严重），同时对中国实行限制（互惠），由于大多数航班取消，这些花费最多的游客将不再前往意大利。根据quotidiano的报道，仅美国游客的缺席就给意大利旅游市场带来超过55亿欧元的经济损失。按照意大利银行的计算方法，意大利夏季的外国游客业务初步估计将减少一半以上（下降55%），损失230亿欧元，相当于GDP的1.5%，而意大利国家旅游局预测结果更甚：预计损失约为670亿欧元，几乎占GDP的3%。

意大利国家旅游局局长帕尔马奇（Giorgio Palmucci）表示，旅游业是意大利经济、社会和文化不可或缺的组成部分。旅游业虽然正经历着史上最为严重的一次衰退，但其必将复苏并转变。国家旅游局正在致力于与旅游行业合作铺出市场重启的道路，并针对环保、平等、多元和包容等关键价值提出具体方案。帕尔马奇坦言，2020年从多方面为旅游业带来了巨大压力，当前最大挑战是在经济增长与社会环境保护之间找到平衡点。后疫情时代的旅游市场趋势已非常清楚，游客对露天活动的兴趣提高，户外体验将成为旅游行程中的重点，而意大利具有独特丰富的自然景观，完全可以迎合游客的新需求。

第三节　旅游市场分类

旅游市场是一个整体，在旅游市场中，任何一个旅游产品的供给者，都不能占领整个旅游市场，满足所有旅游者的需要。因此，要从不同角度对旅游市场作进一步分类，以便更全面深入地反映其历史、现状和发展趋势，把握旅游市场变化的规律。

按地域划分，可将整个世界旅游市场划分成六个大的区域，即欧洲市场、美洲市场、东亚及太平洋地区市场、南亚市场、中东市场和非洲市场，它是以现有及潜在客源的发生地为基础，考虑全球地区在地理、经济、文化、交通以及旅游者流向、流量等方面的联系，根据旅游者来源的不同而划分的旅游市场。

按国境划分，可分为国内和国际旅游市场。国内旅游市场是指本国居民在本国国境线范围内的旅游，国际旅游市场则是超出国境范围的旅游行为，国际旅游市场又可进一步区分为出境旅游市场和入境旅游市场。

按旅游者的实际消费水平划分，可将旅游市场分为高档旅游市场、中档旅游市场和经济档旅游市场。在现实生活中，由于人们的收入、职业、年龄和社会地位等多种因素的影响，人们的旅游需求和旅游消费水平会呈现出很大差别。通常，高档旅游市场的主体是少数社会上层人士，他们有丰厚的收入，价格不是他们所考虑的主要因素，在满足旅游目的的同时也处处期望显示出与众不同的身份和地位，所以尽管高档旅游市场的规模有限，但其高额消费支出对经营者仍具有很大的吸引力。

按旅游目的和内容的不同划分，可将旅游市场划分为如观光旅游市场、度假旅游市场以及宗教旅游市场等。旅游形式和内容的多样化是当代旅游业的一大特点。

按旅游组织形式的不同划分，可将旅游市场划分为团体旅游市场和散客旅游市场。团体旅游和散客旅游是两种基本的旅游组织形式。团体旅游也叫团体包价旅游，其特点是旅游者在出发前参加一个旅游团体，并向当地旅行社交付该次旅游所需费用，然后由旅游目的地旅行社负责安排旅游团的全部活动。团体旅游的最大好处是操作简单易行，节省时间，安全系数大，语言障碍少。然而，团体旅游的最大缺陷是不能很好地满足旅游者个人的特殊兴趣和爱好。散客旅游是指单个或自愿结伴的旅游者，按照其兴趣、爱好自主进行的旅游活动。散客旅游的最大优点是高度灵活，能最大限度地满足旅游者个人的兴趣与爱好，其最大问题是散客旅游所购买的各单项服务的价格较高。在此对按照旅游目的和内容的不同划分的意大利旅游市场进行展开介绍。

一、意大利人文旅游市场

人文旅游是指以具有传统特色的人文景观为观赏对象所进行的旅游活动。人文景观包括社会环境、人民生活、民族风情、文化艺术和历史文物等具有时代气息的景点。它们是人类历史发展的长河中遗留下来的宝贵财富，承载着一段段各具特色的人类文明，反映了该年代人民真实的生活状态，具有极高的文化价值。

文化旅游市场一直是意大利旅游中最重要的组成部分。意大利文化遗产丰厚，有多种文化遗产、诱人的文化艺术及颇具影响力的宗教文化，造就了威尼斯、罗马、佛罗伦萨等世界著名的历史名城。从轰动整个欧洲的文艺复兴开始，它的文化就日益被各国所看好，来自文艺复兴时期的文化作品在这里保持得也相当完整，游客来到这里可以体味到浓厚的文化氛围。以"文艺复兴"佛罗伦萨（Firenze）、"中世纪"锡耶纳（Siena）和"古罗马"比萨（Pisa）为核心节点的文化旅游大环线，成为大部分初访游客的首选线路。凭借充满文化底蕴和诗意情调的"慢生活"，意大利托斯卡纳（Toscana）成为很多人心目中的"度假天堂"。托斯卡纳地区文化城镇旅游十分强调体验深度，在历史建筑、艺术品等物质景观之外，希望通过活态文化树立各自独特的认知形象。游客也越来越喜欢深度体验的游览方式，部分游客用十几天的时间仅游览一个国家。

二、意大利自然旅游市场

自然旅游是指以各种地理环境或生物构成的自然景观资源为基础，能够使人们产生美感或兴趣的旅游活动。自然旅游资源通常是以自然形成的景观为依托，不加或少加人为干预所开发的天然旅游景点。

意大利自然旅游市场的火热程度与人文旅游市场不遑多让。意大利旅游发展得益于良好的自然环境，地处地中海气候区，气候、海滩、山地等自然条件较好，海滨度假与山地滑雪相得益彰，坐落于欧洲南部地中海北岸，北部有阿尔卑斯山脉，中部有亚平宁山脉，拥有欧洲第二高山——海拔4810米的勃朗峰（Monte Bianco）、欧洲最大的活火山——埃特纳火山。意大利水能蕴藏丰富，最大的河流发源于阿尔卑斯山南坡——波河（Po River）、面积最大的湖泊——加尔达湖（Lago di Garda），同时拥有特拉西梅诺湖（Lago Trasimeno）、马焦雷湖（Lago Maggiore）、科莫湖（Lago di Como）等著名的湖泊。大部分地区属亚热带地中海型气候，全国分为三个气候区：南部半岛和岛屿区、马丹平原区和阿尔卑斯山区。此外，意大利地理位置优越，背靠欧洲大陆，南邻北非，东接亚洲，海陆空交通便捷。这些都是意大利能够吸引各国游客的重要因素。以中意自然旅游市场为例，受空气污染以及国人度假需求上升影响，空气质量和自然环境成为我国游客选择目的地的重要因素，空气清新、阳光灿烂的海岛越来越受到中国游客的青睐。从携程度假的订单看，随着中国游客对于旅游的需求从观光逐渐升级到度假，海岛游的热度不断升温，海岛游占出境游总人数的30%，尤其受到以家庭为单位出游的人群喜爱。

被评为世界文化遗产的阿马尔菲海岸（Costiera Amalfitana）、意大利最大的岛屿——西西里岛（Sicilia）和第二大的撒丁岛（Sardegna）等都是备受游客欢迎的自然景区，这里具备亚热带和地中海气候特征，春秋温暖，夏季炎热，冬季潮湿，所以夏季是海岛旅游的旺季，环境优美、人工痕迹不重，使得游客对这些地方情有独钟。除夏季海岛游外，意大利冬季冰雪旅游市场依旧火热。勃朗峰（Monte Bianco）、库马约尔滑雪场（Courmayeur）、科尔蒂纳丹佩佐滑雪场（Cortina d'Ampezzo）等也会在冬季吸引很多国内外游客。以中国为例，随着我国获得2022年冬奥会举办权，以冰雪旅游为核心的冬季旅游产品也正在成为老百姓旅游的新选择，尤其深受下雪较少地区游客喜爱。中国旅游研究院研究成果显示，2016—2017年冰雪季中国游客境外冰雪旅游预订中，意大利排第三。

三、意大利购物旅游市场

人们在旅游时，购物也是目的之一，有时甚至是最主要的目的。因此，在旅游的构成中，购物也是一个重要的组成部分。对于旅游目的地的商品，特别是具有鲜明地方特色和民俗特色的商品，旅游者往往有着较大的兴趣，甚至有一些旅游者是为了购物而进行旅游。基于旅游者的这一旅游动机，旅游目的地会十分重视开发具有鲜明地方特色和民俗特色的手工艺品、纪念品、土特产等，以吸引尽可能多的旅游者，增加旅游收入。

米兰知名奢侈品购物中心——蒙特拿破仑大街（Via Montenapoleone），是米兰和意大利最优雅、最昂贵的一条购物街，该地以时装和珠宝商店而闻名，这条街是米兰这个公认的世界时尚之都的"时尚四边形"（Quadrilatero della moda）中最重要的一条街，许多著名的意大利乃至全世界时装设计师，例如Gucci、路易威登、普拉达，都在此拥有自己品牌的高级精品店。除蒙特拿破仑大街外，意大利一些著名的折扣店同样吸引着世界各地的游客，比如：佛罗伦萨的The Mall、The Space；米兰的菲登扎购物村（Fidenza Village）、塞拉瓦莱名品奥特莱斯（Serravalle Designer Outlet）等。这些时尚购物之都直接掀起了意大利旅游购物的热潮。

环球蓝联（Global Blue）和意大利国家旅游业联合会2019年联合发布的

一项调查结果显示，中国人在意大利免税品外国人消费市场居首位，占比高达29%，其次是俄罗斯人和美国人，占比分别为11%和10%。该调查表示，在意大利各大城市中，最倚重中国游客的是米兰，中国人贡献了所有外国人在米兰消费总额的36%，其次为罗马（21%）、佛罗伦萨（10%）和威尼斯（6%）。

意大利拥有的化妆品企业数量为欧洲之最，是全球60%的口红、眼影和腮红产品的制造地，同时是欧洲第三大化妆品出口国，仅次于法国和德国。根据新思界行业研究中心发布的《2021—2025年意大利化妆品市场投资环境及投资前景评估报告》显示，2017年，意大利化妆品制造商的全球销售额达到了110亿欧元以上，同比增长了4.4%；而受出口推动，2017年意大利化妆品出口额达到了46.2亿欧元，同比增长了7.1%。在2018年，意大利化妆品行业整体增长4.5%，全球营业额达到115亿欧元，出口总金额达到47.92亿欧元。截至2018年，意大利生产/出口的化妆品比例已经上升至42%，同时也是继酒和时尚产品以外第三大贸易类别。

四、意大利乡村旅游市场

在意大利的旅游发展中，乡村旅游也是一个重要的组成部分。乡村旅游主要以村庄野外为旅游空间，重在向旅游者提供一种自然的、不会破坏生态环境的村庄旅游活动。有学者认为，乡村旅游有传统与现代之分。其中，传统的乡村旅游是在工业革命之后出现的，主要是离开乡村、居住在城市的居民"回老家"度假。传统乡村旅游在产生后，对于当地的经济发展会产生一些有利的影响，而且能够使城乡获得更多的交流机会。现代乡村旅游与传统乡村旅游有较大不同，其出现于20世纪80年代，在90年代后获得了迅速发展。现代乡村旅游的旅游者，其旅游动机并不是"回老家"度假，而是为了欣赏农村的自然和人文旅游资源，而且旅游时间并不局限在假期。现代乡村旅游在发展的过程中，不仅增加了当地的财政收入，还为当地的就业创造了很多机会，从而使传统经济的发展获得了新的活力。

近年来，意大利的乡村旅游发展中出现了一股"农家乐"风潮，农业旅游也随着获得了快速发展。与此同时，随着人们对健康生活的追求以及消费观念的改变，对具有DOP法定原产地标识和IGP法定地理产区标识的农产品的需求量不断增加，这也在很大程度上促进了农业林业的发展。依据相关资料，意大利在2017年已有2.3万家企业从事与农业旅游相关的业务，农业旅游市场的销售额更是十分可观。

据环球旅讯报道，2017年，在意大利参加农业旅游的游客数量达到了320万人，其中包括了150万名来自海外的游客和170万名意大利本土游客，游客平均每人在参加农业旅游时会住上3.9晚。

意大利国家统计研究所（National Institute for Statistics）数据显示，在意大利农业旅游经营者中女性的表现更为突出，而客源方面外国游客则要多于意大利本国游客。此外，与农业旅游配套的餐饮行业也是如火如荼，游客接纳能力2017年已达到44.1万人。

托斯卡纳大区（Toscana）是以农业旅游为目的的游客的首选，2017年共接待了游客390万人次，其中约有2/3是来自海外的游客。在托斯卡纳大区，锡耶纳（Siena）则是最受游客欢迎的农业旅游省份，2017年共接待了30万名游客，共计110万人次。北方的各大区中，特伦蒂诺–上阿迪杰大区（Trentino–Alto Adige）以30万名游客及310万人次的接待量稳居第一，其中约有72%为海外游客。南方的各大区中，普利亚大区（Puglia）则排在首位，2017年共迎来了10万名游客，共计50万人次。因农业旅游而使得区域内农产品获益的市政数量已经从2011年的93个增长到2017年的784个，其中意大利中部更是受益颇多。

五、意大利新兴旅游市场

除了以上的传统旅游市场外，随着人们生活质量的不断提升又出现了一些新兴的旅游市场。医疗旅游市场就是最近较为火爆的新兴国际旅游市场之一，意大利当地的SPA温泉水疗也作为一大特色吸引着世界各地的游客，根据意大利旅游局消息显示，2019年意大利的医疗旅游在全球的上涨趋势达到两位数。境外医疗也成为继"出国爆买"之后中国游客的新风尚，我国大量富裕阶层不惜花费重金选择境外医疗旅游。根据携程旅行网发布的数据显示，2016年通过携程报名参加出境体检等医疗旅游的人数是前一年的5倍，人均订单费用超过5万元。

据意大利全国水疗协会联合会（FEDERTERME）Giancarlo Carriero博士介绍，意大利有近380个天然温泉，其数量在欧盟国家中位列第一。这些天然温泉分布在19个地区和2个自治省，其中北部有177个，占比46.7%；中部56个，占比14.8%；南部146个，占比38.5%。比较著名的温泉有：伦巴第大区的瑟明温泉（Terme Sirmione）、博尔米奥温泉（Terme Libere Bormio）；托斯卡纳大区的萨特尼亚温泉（Terme Saturnia）；西西里大区的火山泥浴场（I Fanghi di Vulcano）、宁芙仙女洞穴温泉（Terme Grotta dell Ninfee）等。

第五章

意大利旅游交通

　　意大利是世界上发达国家之一，作为地中海沿岸的一个半岛国家，它拥有美丽的自然风光和丰富的历史文化遗产，被称为"旅游王国"，每年从世界各地来此旅游的游客不计其数。在意大利旅游业的发展历程中，旅游交通功不可没，它是旅游活动当中非常重要的一环。本章主要从意大利旅游交通概述和旅游线路设计两个方面讲述意大利的旅游交通。

第一节　旅游交通概述

一、旅游交通的概念

　　旅游交通指的是旅游者借助于某种手段，从一个地点转移到另一个地点的过程。很明显，旅游交通是旅游者能够到达旅游目的地的手段，也是旅游者在旅游目的地展开旅游活动的手段。在当前，学界对于旅游交通的概念还未形成一致观点。下面介绍几种比较有代表性的观点。

（1）杜学（1996）认为，旅游交通是指为旅游者在旅行游览过程中提供所需交通运输服务而产生的一系列社会经济活动与现象的总称。

（2）林森（2002）则认为，旅游交通是指为旅游者由定居地到目的地往返以及在各地区往返而提供的服务。

（3）张辉（2002）说，旅游交通是指利用一定的运载工具，通过一定的交通线路和港口、车站、机场等设施，在约定的时间内，将旅游者从其居住地或出发地向旅游目的地进行空间位置转移的一种特殊的经济活动。

（4）关宏志等（2001）则将旅游交通分为广义和狭义来界定。广义的旅游交通是指以旅游、观光为目的的人、物、思想及信息的空间移动，他探讨的对象包括人、物、思想及信息；狭义的旅游交通概念则将讨论的对象限定在人或物。

（5）保继刚（1999）认为旅游交通是指为旅游者从客源地到目的地的往返，以及在旅游目的地各处进行各种旅游活动所提供的交通设施服务。

（6）李天元（2000）认为旅游交通是指旅游者利用某种手段和途径，实现从一个地点到达另外一个地点的空间转移过程。

（7）卞显红、王苏洁对旅游交通作了较为严格的定义："旅游交通是指支撑旅游目的地旅客流和货物流流进、流出的交通方式、路径与始终点站的运行及其之间的相互影响，包括旅游目的地内的交通服务设施的供给及其与旅游客源地区域交通连接方式的供给"。

综上所述，旅游交通的核心内涵是：因旅游需求而伴随着旅游全过程的交通线路、工具、设施以及服务的总和。

意大利境内的旅游交通主要以公路和铁路运输为主，各式车辆各行其道，司机一般都比较遵守交通规则和礼仪，就算在没有红绿灯的路口，只要有行人，司机都会停车让行；意大利的道路旁边一般没有禁止鸣笛的标志，但是司机也从不按喇叭，人坐在车中，感觉一切都是那么安静祥和，可以悠闲地欣赏窗外的风景。

意大利与世界上其他国家之间的旅游交通主要以水路和航空运输为主。意大利是个半岛国家，拥有漫长的海岸线，发展海运十分方便，拥有很多著名的港口，也造就了许多著名的港口城市。意大利作为"旅游王国"，每年慕名而来的游客数不胜数，这些游客的居住地遍布在世界各个角落，由于距离较远，所以选择航空运输方式来往于两地的游客占比很大。

意大利作为老牌的发达国家，工业极其发达，旅游交通工具已经实现了现代化，由于拥有丰富的旅游资源，所以很重视旅游业的发展，每年旅游业创造的收益占国民总收入的很大一部分，发展旅游业当然离不开旅游交通的支持，每年意大利在交通行业投入了大量的资金，用来发展交通运输工具、道路维护、线路规划和旅游交通宣传，发展到今天，意大利已经拥有比较完善的旅游交通系统，前往意大利旅游的游客可以乘坐便捷的交通运输工具，尽情地欣赏意大利的自然和人文风光。

二、旅游交通的作用

旅游交通是旅游业产生和发展的前提条件，是沟通旅游目的地与客源地以及旅游目的地内各旅游活动场所之间联系的大动脉，是旅游外汇收入和货币回笼的重要渠道。因此，它与旅行社、旅游饭店并称为旅游接待业的三大支柱。

（一）旅游交通是旅游业产生和发展的先决条件

众所周知，托马斯·库克是近代旅游业的创始人，近代旅游业是在火车交通大发展的背景下应运而生的，可以说是火车交通的发展成就了托马斯·库克的伟大事业，从历史上看，只有交通运输业发展起来，旅游业才会蓬勃发展，在古代，旅行、远游都离不开畜力车和舟船等交通运输工具，18世纪以后，工业革命时代，制造了火车、轮船、飞机、汽车等现代交通工具，从而产生了近代旅游业，第二次世界大战以来，形成了比较完善的现代交通运输业，汽车和航空运输进入普通人的生活里，交通运输更加便捷，信息交流也更加完善，促进了现代旅游业的产生和发展。从国别上看，凡是交通运输行业发达的国家，旅游业也相对比较发达一些，比如美国、意大利等国家，这些国家是老牌的资本主义强国，由于经济比较发达，交通运输业发展得比较早，旅游业也相应地发展得比较好。旅游业发展的历史和现实情况都说明，交通运输业是旅游业产生和发展的先决条件，只有把交通运输业发展好，旅游业才能迎来大发展。

（二）旅游交通是旅游地社会经济发展的重要推动力

旅游交通是旅游行业中非常重要的一环，它担负着为旅游业输送客源的职能，也是旅游业的大动脉。首先它为旅游地带来客源，游客在旅游地进行旅游活动，增加了当地的经济总量，为当地的发展注入了资金。其次，旅游交通的发展和完善，也会使当地的基础公共服务设施更加完善，旅游交通承担着游客往来的重任，旅游地运用好这一重要环节，能有效地带动相关行业的发展，不仅能实现"旅游+"，更能实现"+旅游"，"要想富，先修路"，把旅游交通这一重要环节做好了，就能很好地推动旅游地社会经济发展。

（三）旅游交通是旅游业稳定而重要的收入来源

交通旅行费用是消费者旅游支出中非常重要的一部分，旅游交通有服务和消费两个环节，这两个环节具有同步性，运输服务会随着交通消费的开始和结束同步进行，随着交通运输行业的发展，旅游者的足迹也遍布了世界各地，交通费用也存在一个合理的增长，交通越来越便捷，旅游的人也越来越多，同时旅游交通的收入也在稳定地增长。旅游业为旅游交通带来客源，旅游交通反过来为旅游业带来稳定且重要的收入，两者相辅相成。旅游业的发展依赖旅游交通的发展，旅游业的兴旺也带动了交通运输业的兴起。

（四）旅游交通是旅游活动的一部分

旅游活动一般指游客在旅游地进行的一系列（不涉及赚钱类谋生）的活动，大致可分为食、住、行、游、购、娱，游客要通过旅游交通在居住地和旅游目的地之间进行往返，同时旅游交通也是整体旅游产品的一个重要组成部分，它为旅游活动的进行提供了必要的客观条件，旅游以旅行为基础，交通沿途的风景也是旅游的重要内容，旅游交通环节服务的质量，会影响游客接下来的情绪，做好旅游交通这一环节，能保证旅游活动的顺利进行。

三、意大利主要的旅游交通运输方式

意大利拥有多种多样的旅游交通方式，前往意大利旅游的游客可以尽情选择自己喜欢的交通方式，我们主要以城市公共交通、铁路交通、道路交通、航空运输和水上运输为主，为大家详细地介绍意大利的旅游交通运输方式。

（一）城市公共交通

在意大利，你想去任何城镇，乘坐大巴几乎都可以到达，因为这里有众多的大巴公司，所以乘坐大巴往往成为旅游者和当地人的选择。

游客在公交站可以购买车票、查看乘车到达的目的地和查看时间表等。

意大利大型的大巴车公司有Euroline、Baltour、Sena等。

大巴公司也提供优惠票，购买的时间段是有限制的，购买之后在一定的时间内可随意乘坐该大巴公司的大巴，以25岁以下的人为例，购买15天的优惠票，大约花费175欧元。

如果你想去南部或者西西里，意大利大巴有长途夜车，你可以在车上美美地睡上一觉，不耽误你第二天的行程。

www.sena.it这个网站可以专门查询大巴车的车次和时间。

（二）铁路交通

意大利所有的主要城市和省会城市都可以由火车来连接，意大利的火车非常有名。意大利有两家最著名的铁路公司，一家叫国家铁路公司（Trenitalia），另一家叫Ntv私人铁路公司（Italo）。

我们先说私人铁路公司，它的线路很多，主要连接各大城市，以高铁为主，提供便捷的服务，深受游客们的喜爱。

国家铁路公司的线路更多，连接几乎所有城市，有多种多样的车型，还有不同的票价以供人们选择，深受平民的喜爱。一般普通的列车没有报站这项服务，所以独自出门旅行的游客需要多加注意。意大利的车站没有检票口，上车需要自己去专门的打票机上打票，如果忘记打票，一旦被查到，就会被开罚单。

意大利国家铁路公司官网：http：//www.trenitalia.com。

（三）道路交通

1. 意大利租车

意大利拥有丰富多彩的自然和人文风光，有时候乘坐公共交通不能欣赏全貌，所以租车也是一个不错的选择，不过在意大利，我们应该了解一些规则再去租车。

我们在拥有英文版的驾照公证书之后，才可以在租车公司网站上进行网上预约，因为当场租车的价格一般比提前预约的贵两倍，所以想要租车的话，尽量提前在网站上预约。

意大利的街道大部分都很窄，租大型车找停车位很费劲，推荐租小型车或者经济型的车，那样就能很方便地在街道上停车。

各大租车公司的网站有赫兹（官网地址：http：//zh.hertz.com）、席克斯特（官网地址：http：//car-rental.sixt.com）和Eurocar（官网地址：http://www.europcar.com）。

（1）驾驶规则

在意大利租车时，我们需要准备的材料有公证书、预订合同、信用卡、护照驾照原件和旅行行程单等，到约定好的地方取车。去之前，一定要确定你的所有材料已经准备好，否则你不会从租车公司那里租到车。如果你想要去南部旅游，那么建议你给车购买全险。

意大利的交通规则基本和国内相同。但是在意大利的一些旅游城市会设置限行的区域Zona Traffico Limitato（ZTL）。这些区域都是外地车不能通行的，否则随之而来的就是高额的罚单。如果住的酒店在ZTL区域内，需要向酒店注册你的车牌，他们可以帮助你消除记录。

至于停车的问题，如果停车场和国内的一样，进去按钮取票，出来则人工付钱。不过有些停车场付完钱后，要把票塞回去才能离开出口。一般路边停车有三种颜色的区域，黄色的是残障人士专用，蓝色的是收费停车格。

把车停好后去附近的机器投币拿票，将停车票放在驾驶前窗上看得见的地方，白色的停车格是免费的。不过有的白色停车格只能停2小时，有的只能当地居民使用，要稍微注意一下停车格附近的标示。

意大利高速公路收费和国内类似，有许多自动收费口，需要取卡然后在出口付费。付费可以使用信用卡（Carta）和现金。意大利汽油价格约为1.5～1.7欧元/升，有自助加油站也有人工加油站。意大利高速公路（Autostrada）是收费公路，标识为绿色。意大利中速公路（Superstrada）是免费道路，标识为蓝色。其中主要的高速公路有以下几条。

A1高速公路：也被称作太阳高速公路（Autostrada del Sole），连接米兰到那不勒斯，途经博洛尼亚、佛罗伦萨和罗马。

A4高速公路：也被称作"最尊贵的"公路（Serenissima），连接都灵（Torino）到的里雅斯特（Trieste），途经米兰、维罗纳和威尼斯等。

A14高速公路：也被称作亚德里亚高速路（Autostrada Adriatica），连接北部城市博洛尼亚到南部塔兰托（Taranto）。

A24高速公路与A25高速公路：合称为公园之路（Strada dei Parchi），因从罗马到中部城市Terano并穿越大萨索山（Gran Sasso）和拉加山国家公园而闻名。A25从Terano到西海岸城市佩斯卡拉（Pescara）。

更多公路信息可参见意大利国家高速公路官网www.autostrade.it。

（2）自驾注意事项

开车前请系好安全带，驾驶座和副驾驶座都要系好安全带。儿童应坐在汽车后座，同时系好安全带。

意大利驾驶和国内一样是靠右行驶，基本的交通规则也和国内相似，不过右转时和国内不一样，一定要看信号灯，绿灯亮时才可以右转，左转有时候要看左转的信号灯。

禁止将车停在紧急路线上，因为这会挡着紧急车辆的路，可能会被罚款或吊销驾照。

意大利南部的人开车较为疯狂，所以游客开车需格外注意。但是在意大利都是行人优先，接近斑马线的时候要适当减速。

意大利中速公路（superstrada）限速100公里/小时。

意大利的高速公路最高可达130公里/小时，但仍要注意高速公路上明显的限速牌和测速设备提醒装备，不要超速驾驶。凡超速40公里/小时者将被罚款2000欧元。

在意大利驾驶员驾车时禁止吸烟。

2.意大利出租车

虽然在机场或火车站门口，和国内一样，有许多的出租车在焦急地等着客人，你可以直接乘坐，但是在城市里，所有出租车只有预约过才可以乘坐，你可以通过电话或者短信进行预约，如果你在酒店，想乘坐出租车，可以请酒店的服务员帮助你预定一辆出租车。

罗马出租车的起步价：3欧元（白天），5欧元（22：00—次日7：00）。

米兰出租车的起步价：3.2欧元（周一至周六的6：00—21：00），6.2欧元（21：00—次日6：00），5.2欧元（周日及节假日）。

以上价格，仅供参考。

购票规则：（1）年龄限制，4岁以下不占座儿童免费；4—12岁儿童购买车票有半价优惠；12—26岁为青年，可以购买青年票；（2）2—5人小团体，一起购票的几名儿童，可以共同使用同一张车票，不过使用时，所有人都要到场；（3）19：00规则，持有活期通票，在两个月的有效期内，才可以乘坐19：00以后出发的直达夜车；（4）票价单位：欧元；有效期：2个月内。

（四）航空运输

意大利航空（Alitalia）成立于1946年，总部设在罗马，意大利航空公司母公司是意大利航空集团（Alitalia Group）。意大利航空公司是意大利国内最大的航空公司，是意大利的国家航空公司，意大利政府是它的最大股东。国内主要飞行于米兰、热那亚、威尼斯、罗马等地。

意大利人一般不喜乘坐飞机，一是因为坐飞机花费比较高，飞机的价格约是火车的两倍，二是因为乘坐飞机花费的时间比较多，算下来和乘坐大巴的时间差不多，所以本地人一般不乘坐飞机进行旅游。不过外国游客前往意大利旅游比较喜欢乘坐飞机，尤其是去意大利南部小岛旅游的乘客，相比于乘坐大巴或火车，乘坐飞机会更加方便，坐在飞机上欣赏意大利的海域景观也是一件美事。

（五）水上交通

意大利拥有长约7200多公里的海岸线，发展水上运输有着得天独厚的条件，主要港口有热那亚、安科纳、那不勒斯、威尼斯和拉斯佩齐亚等，意大利水上交通运输的发达也造就了很多著名的港口城市，比如热那亚和威尼斯，所以想去意大利旅游的朋友，乘坐水上交通运输工具是很方便的。

第二节　旅游线路设计

一、旅游线路的概念

研究的角度不同，学者们对旅游线路的概念界定也不相同，目前学术界对"旅游线路的概念"尚未形成统一共识，主要从旅游规划学、旅行社产品设计、旅游市场学和生产学四个角度对其进行阐释，形成了四种基本观点。

（一）从旅游规划学角度阐述旅游线路

雷明德在《旅游地理学》（1988）中认为，旅游线路是指旅游部门为旅游者设计的进行旅游活动的路线，是由交通线把若干旅游点或旅游城市合理贯穿起来的路线。庞规荃在《旅游开发与旅游地理》（1989）中认为，旅游线路是指在一定的区域内，为使游人能够以最短的时间获得最大观赏效果，由交通线把若干旅游点或市域合理地贯穿起来，并具有一定特色的路线。

（二）从旅行社产品设计角度阐述旅游线路

谢彦君（1995）认为，旅游线路是旅行社或其他旅游经营部门以旅游点或旅游城市为节点，以交通路线为线索，为旅游者设计、串联或组合而成的旅游过程的具体走向。朱国兴（2001）认为，区域旅游线路是旅行社或其他旅游经营部门在特定区域内利用交通为外来旅游者设计的连接若干旅游点或旅游城市，并提供一定服务的相对合理的线性空间走向，它将区域内各种单项旅游产品有机地组合在一起，并涵盖着旅游者在旅游目的地的各个旅游活动环节，从而表现出综合性的特点。陈志学在《导游员业务知识与技能》（1994）中提到旅游线路是指旅行社生产的包价旅游产品，是根据旅游资源和接待能力以及旅游者的需要而规划出来的旅游途径。

（三）从旅游市场学角度阐述旅游线路

汪月启在《纵横天下行》（1993）中指出旅游线路是旅游服务部门（如旅行社）根据市场需求分析而设计出来的包括旅游活动全过程所需要提供的服务全部内容的计划线路。阎友兵在《旅游线路设计学》（1996）认为旅游线路是旅游服务部门为根据市场需求，结合旅游资源和接待能力，为旅游者设计的包括整个旅游过程中全部活动内容和服务的旅行游览路线。

（四）从生产学角度阐述旅游线路

陈志学在《导游业务知识与技能》（1994）中认为，旅游线路是指旅行社生产的包价旅游产品，根据旅游资源和接待能力及旅游者的需要而规划出来的旅游途径。杨晓国在《旅游经济活动中的旅游地理因素与旅游线路设计组织》（1996）一文中认为，旅游线路是指旅游企业根据客源的不同流向，在一定的地域空间所实施的具有交通意义的和旅游市场意义的一种旅游商品之间的积极组成形式。

二、旅游线路的特征

（一）综合性

旅游线路的综合性体现在旅游要素的综合性和旅游部门的多样性。旅游线路是由多种旅游吸引物、餐饮住宿设施、交通设施、娱乐场地等构成的复合型旅游产品，满足旅游者食、住、行、游、购、娱等多方面的综合需求。同时，旅游线路设计还涉及多个行业和部门，其中既有直接为旅游者服务的餐饮业、交通运输业、娱乐业等部门，也涉及间接为其服务的农业、商业、建筑业等行业和银行、医疗、保险等部门。

（二）不可储存性

旅游线路不同于一般的有形旅游商品，其主要是通过服务来满足游客需要，只有当游客购买并消费时，旅游线路才得以存在，故具有不可储存性。旅游线路的这种特性使产品供需矛盾更加突出，对于经营主体旅行社来说，应采取相应措施化解矛盾。首先要设法使旅游线路产品的开发能力具有一定的弹性，在具体安排上加以调节，例如旅游淡季可以调整甚至停掉一些线路；其次是调节需求量使其与供给相适应，即通过各种有效渠道如用价格等手段削减高峰期需求量和刺激低峰期需求量，使旅游需求量在结构上稳定分布。

（三）脆弱性

旅游易受到多种因素的影响，旅游线路也具有脆弱性。旅游线路易受季节性和节假日的影响，会出现在旅游旺季和节假日游客都蜂拥而至、在旅游淡季和非节假日游客稀少的情况。游客需求易受到自然灾害、国际关系、战争、汇率等多种因素的影响，进而影响旅游线路的销售。例如，全球蔓延的新冠肺炎疫情，使国内和国际旅游市场都受到一定的冲击。

（四）可替代性

根据马斯洛需求层次理论，旅游消费是建立在基本生活需求之上的高层次的需求，它不同于一般的生活必需品，在政治、经济等因素的影响下，具有较大的弹性变化空间。同时，越来越多的国家和地区意识到旅游在拉动经济增长方面的优越性，使得旅游线路数量和类型不断增多，这也给了游客更多的选择。例如，法国普罗旺斯是观赏薰衣草最佳的旅游目的地，但在经济、时间条件不允许的情况下，日本北海道也是个不错的替代性线路。

三、旅游线路的类型

（一）按照旅游者组织形式分类

1. 包价旅游线路

包价旅游的全称是"综合服务包价旅游"，指的是从旅游者出发到其回到出发地的整个过程都由旅行社来设计完成，路线上的"食、住、行、游、购、娱"等各项活动的内容、价格等都已安排好，并通过一定的渠道销售给旅游者。它是目前我国游客出行的主要形式，也是旅行社最常态的旅游产品。

包价旅游主要分为两大类：团体综合服务包价旅游和散客综合服务包价旅游。团体包价旅游一般指15人以上的旅行团，综合服务可以全包也可部分包。该类型的旅游形式价格优惠，能使群体成员有安全感，但也有约束多等弊端。散客包价旅游人数较少，综合服务可以全包也可部分包，相对来说较为自由。

2.组合式旅游线路

组合式旅游线路是指整个旅程设计有几种分段组合线路，旅游者可自行选择和拼合，也可改变原有分段选择。从本质上来说，它和包价旅游线路的设计原理和技术基本上是一样的。

3.自助式旅游线路

自助式旅游线路是指旅游者根据自己的喜好选择设计的旅游线路，旅行社负责线路实施中游客的各项服务需求。随着旅游的发展，越来越多的旅游者不满足于被动选择旅游线路，更倾向于进行DIY式的自助旅游，以获得更好的旅游体验。

（二）按旅游活动性质分类

按旅游活动的性质大致可将旅游线路划分为游览观光型、休闲度假型、专题型、会议奖励型旅游线路等。不同性质的旅游线路，在组织上有不同的特点。

1.游览观光型

游览观光型旅游线路一般是为无特殊要求的观光旅游者设计的旅游线路，常以自然风光和民族风情为游览内容，以满足旅游者的旅游需求。旅游者的观光旅游需求使旅游线路呈现出景点多、重复利用可能性低、游客停留时间短的特征。该类型的旅游线路属于旅游中的基本层次，但有较大的市场。

2.休闲度假型

不同于游览观光型旅游者的观光旅游需求，休闲、度假是此类型旅游者最主要的旅游需求，这种旅游需求也决定了游客注重享受旅游的过程、身心的放松，不在乎景观的多样和变化，线路景点繁多反而会给旅游者不好的旅游体验。

3.专题型

专题型旅游线路也称为主题型旅游线路，这是一种以某一主题内容为基本思路串联各点而成的旅游线路。全线各点的旅游景物（或活动）有比较专一的内容或同属性，因而具有较强的文化性、知识性和趣味性。随着该旅游市场的不断扩大和游客旅游层次的不断提高，该旅游线路的主题也随之增多，迎合了不同兴趣主题的需求。

4.会议奖励型

会议及奖励旅游，主要包括会议旅游和奖励旅游两个部分。会议旅游是指企业到旅游目的地召开会议，既是与会员工的一种休闲活动，也是一种会议形式。奖励旅游是为了对有优良工作业绩的员工进行奖励而组织员工进行的旅游。此类型旅游的旅游线路要求设计的过程中既重视会议的设施需求，又注重满足游客休息度假的需要。

（三）按旅游线路距离分类

根据旅游者在旅游过程中的位移距离及活动范围可分为短程旅游线路、中程旅游线路、远程旅游线路等。

1.短程旅游线路

短程旅游线路是指游览时间较短、活动范围较小的旅游线路，一般多为到周边的城镇、远郊旅游。这类旅游线路与一日游线路经常是重合的，所以有时候也将短程旅游线路称为一日游旅游线路。该类旅游线路具有旅游线路短、范围小、费用低、线路设计难度小的特点。

2.中程旅游线路

中程旅游线路是指比远程旅游线路空间尺度小、比短程旅游线路空间尺度大的旅游线路，其旅游时间、范围、费用等都介于这两者之间。可将一次旅游时间在2～5天之间，旅游里程在200～1000公里之间的旅游线路称为中程旅游线路。该类旅游线路具有旅游线路较长、范围较大、时间较长、费用较高、线路设计难度较大的特点。

3.远程旅游线路

远程旅游线路是空间尺度上一种大范围的旅游线路。它一般需要满足三个条件：首先，一次旅游所走过的路程较远（至少1000公里），涉及的空间范围较大。其次，一次旅游所花费的时间较长（一般5天以上）。最后，应跨过若干个省区或越过世界大洲洲际线或国境线。该类旅游线路具有旅游线路长、范围大、时间长、费用高、线路设计难度大的特点，可划分为洲际远程旅游线路、国际远程旅游线路和国内远程旅游线路。

（四）根据旅游者在旅游过程中的活动轨迹分类

1.周游型旅游线路

周游型旅游线路也被称为巡游型线路，线路设计难度较大，旅游的目的在于观赏，旅游线路通常包含多个旅游目的地。景点的多样性和空间的跨度性使旅游的成本较高，游客重复利用同一条线路的可能性较低，同时"观赏"的旅游需求决定了游客不能较为深入地了解景点，旅游的效果一般。

2.逗留型旅游线路

逗留型旅游线路也被称为常驻型线路，比周游型相对简单经济一些。该类型下旅游者的旅游需求在于休闲、娱乐和放松，对景点的多样和变化无过多要求，因此线路所串联的景点也较少，但日均消费较高。

（五）按旅游线路空间布局形态分类

1.两点往返式

两点往返式，顾名思义是指往返于两个旅游城市（乘飞机的远距离旅游）或住地与景点的单线相连（在旅游城市内）。由于此类线路较为单调，所以易使旅游者感觉到无趣。比如，郑州—大连，大连—郑州。

2.单通道式

此类线路，在远距离旅游时以火车为主要的交通工具；在旅游城市中，表现为一条旅游线路串联多个旅游景点，旅游者一路上可以观赏不同的旅游项目。如铁路部门开行的郑州—厦门的旅游专列，一路上既能感受到京九铁路沿线老区的红色革命精神，又能观赏到武夷山的婀娜多姿。

3. 环通道式

环通道式旅游线路是单通道式的变形，由于此类旅游线路不走"回头路"，且不会有重复道路，故接触的景观景点也较多，旅游者会感到游览行程最划算。比如郑州—洛阳—登封—开封—郑州。

4. 单枢纽式

该类线路以一个旅游城市（镇）为核心，其他所有旅游目的地都与之连接，形成一个辐射状联络体系，其特点是有明显的集散地，便于服务设施的集中和发挥规模效益。旅游者一般会选择一个中心城市作为"节点"，并以这个节点为中心作往返式旅游，且这种旅游多为短途旅游，大多为一日游。比如，郑州—云台山、郑州—开封、郑州—洛阳、郑州—登封，这些线路中郑州即是处于节点的中心城市。

5. 多枢纽式

该类型旅游线路以若干个重要的旅游城市（镇）为枢纽，这几个城市（镇）间旅游线路直接相连，并各自连接其他旅游目的地。该线型在旅游大区较为常见，有利于缓解某一枢纽在旅游高峰时的承载压力。例如，"济南—青岛—大连"旅游线路就有多个枢纽旅游城市，在一定程度上缓解了山东半岛、辽东半岛的客流压力。

（六）按旅游线路全程计算旅游时间分类

按旅游线路全程计算旅游时间分类，具体可分为一日旅游游线、二日旅游游线、三日旅游游线和多日旅游游线。

四、旅游线路的设计原则

（一）资源导向原则

旅游者是旅游活动的主体，旅游资源是旅游活动的客体，旅游资源能够激发旅游者的旅游动机，是吸引游客参与旅游活动的关键因素。根据以上对旅游线路的定义可知，旅游资源是旅游线路中必不可少的一部分，因此旅游线路设计必须遵循资源导向的原则，充分把握目的地旅游资源的特色，把不同类型、不同等级、不同特色的旅游资源有效整合到旅游线路中，确保旅游资源结构合理，做到景点不重复、距离适中、特色各异，带给旅游者良好的旅游体验。

（二）以人为本原则

旅游者是旅游活动的主体，也是旅游业服务的对象，旅游线路的销售对象也是旅游者，所以旅游者在旅游活动中占有非常重要的地位，在旅游线路设计中也要充分考虑到旅游者，坚持以人为本的原则，提高旅游供给能力和服务，加强宣传，激发旅游者的旅游动机；分析旅游者的一般旅游需求和不同年龄、性别等的需求，提高旅游线路设计的科学性和合理性。

（三）市场需求原则

随着经济社会的发展，旅游市场需求也随之发生变化，同时旅游者年龄、性别、文化等因素也会影响旅游市场需求，因此在旅游线路设计中，既要以市场为导向，对旅游市场进行充分调研，根据市场需求不断调整完善旅游线路，增强对游客的吸引力；又要将旅游者的需求特点与不同时期的风尚相结合，设计符合旅游市场的旅游线路产品，创造性地引导旅游消费，刺激旅游者，开辟新的旅游市场。

（四）多样化原则

旅游线路设计涉及食、住、行、游、购、娱等多个因素，组成旅游线路的内容丰富，因此可以将各项内容进行不一样的组合，形成不同的旅游线路供市场选择。例如，可以选择不同类型的旅游景点和不同等级的宾馆，分别组成不同档次的旅游线路供游客选择，以适应不同经济水平旅游者的需求。同时各旅游景点也具有等级、类型和功能之分，在旅游线路设计中也要注意景点的多样化，避免单调重复，安排过于紧张。

（五）安全第一原则

在旅游活动中，安全需求是游客最基本的需求。在自身安全没有保证的前提下，再精彩的旅游路线设计也无法激发游客的购买行为。只有那些能够确保游客人身安全、财产安全的路线才能让游客购得放心、玩得舒心，才能在市场上立于不败之地。常见的旅游安全包括旅游交通安全（铁路、航空、公路等）、旅游活动安全（游览活动、餐饮安全、自由活动安全等），因此在旅游线路设计中要选择安全的交通路线和有质量保证的交通工具和运输公司，避免夜间行车，减少安全隐患；要选择正规旅游饭店，菜品以大众口味为主；可在治安良好、社会环境稳定的地区适当安排自由活动。

（六）时间合理性原则

旅游线路的时间安排与游客的体验息息相关，时间安排是否合理，主要表现在三个方面：首先是旅游线路上的各项活动所占的时间位置和间距是否恰当；其次是是否减少交通时间，使旅游者在有限的旅游时间内，尽可能拥有更多的游览时间；最后看是否留出一定的时间，这个时间可以是游客自由活动的时间，也可以是应对旅途突发状况的时间。因此，在旅游线路的设计中，要充分考虑到以上三个方面，同时游览内容的丰富度也要与游客对环境感知欲望的强弱相契合，为游客提供合适的感知景物对象，提高游客旅游体验。

五、意大利旅游线路设计

（一）意大利精华全览16日游

第1天：从中国出发

第2天：到达西西里首府巴勒莫

巴勒莫，西西里岛的首府，它的历史、文化杂糅着多个民族的特质，这里居住过腓尼基人，受过迦太基人的管理，建立过古希腊城邦，当然也经历过古罗马共和国和帝国的统治，阿拉伯人也待了两百多年，诺曼人又将它变成西西里王国。每个民族都留下了自己的痕迹，并与其他民族的文化相融相交，形成了今天巴勒莫独有的面貌。

第3天：巴勒莫—阿格里真托

阿格里真托意为"众神的居住地"，它位于西西里岛的南岸，建于公元前581年。公元前6世纪，来自希腊的移民建立了这座城市。后来进行过多次异族战争，公元前210年，罗马人成为这座城市的统治者。9世纪初，阿拉伯人占领了阿格里真托，并把城市改名为吉尔真蒂，一直到1927年才恢复阿格里真托的原名。今天的阿格里真托虽失去了昔日的繁华，但它变得更加的平静和温和，并且有很多值得参观的景点。

第4天：阿格里真托—锡拉库萨

锡拉库萨位于西西里东南部，曾经是地中海上最显赫的城市之一，这里有大希腊最宏伟的古城，这个城市也是古希腊科学家阿基米德的故乡。

奥提伽小岛是锡拉库萨的发源地，通过三座桥与本岛连接。电影《西西里的美丽传说》里玛琳娜走过的大广场，就是奥提伽岛中心的教堂大广场。

对很多人来说，锡拉库萨真正的魅力在于这座考古公园，这里有可追溯至公元前5世纪的珍珠白色的古希腊圆形剧场，这也是西西里岛最大的古希腊剧场。

第5天：锡拉库萨—陶尔米纳

陶尔米纳，9世纪拜占庭帝国统治下的西西里首府，它是一座中世纪城镇，被保存得接近完好，一边是悬崖，一边面向大海。这座城市建在层层岩石上，形成了将其与上面的蓝天和下面的大海连接起来的巍然屹立的气势。

陶尔米纳市场上的小店，有样式各异的面具、图形丰富的瓷制品、四处可见的Triskele三角腿，色彩艳丽的丝巾长裙、琳琅满目的纪念品，甚至连冰淇淋店都是五彩缤纷的，体现了意大利浓浓的艺术风情。

陶尔米纳的希腊露天圆形剧场是小镇中最重要的考古遗迹，这座由砖块砌成的剧院，虽然建筑形式属于希腊式，但可能是在罗马时代建于一座希腊剧院的遗址之上，这座剧院是西西里岛上第二大的剧院。

第6天：陶尔米纳—那不勒斯

那不勒斯是意大利南部的第一大城市，被人们称颂为"阳光和快乐之城"。那不勒斯始于公元前600年，拥有2500多年的历史。该市为古希腊人所创建，后来，罗马人、诺曼人和西班牙人都在该市留下了自己的印记。

卡普里岛位于那不勒斯湾南部入海口附近，与索伦托半岛隔海相望。这里是地中海风情的完美缩影，湛蓝的海水、茂盛的植被、精致的度假小屋和花园、古老的罗马遗址等都让它成为意大利最受欢迎的度假胜地之一，每年的6月—9月是卡普里岛的旅游旺季。

第7天：那不勒斯—庞贝—索伦托

庞贝位于意大利那不勒斯以南，曾经是繁华的贸易城市和港口。但是，当维苏威火山灰和熔岩将其掩埋后，直到1599年修建运河时才被发现。但真正的挖掘工作1748年才开启，如今仍在继续挖掘中，这也使庞贝成为世界上沉睡时间最长、持续挖掘时间也最长的遗址。庞贝城的重要古迹包括木星神庙和阿波罗神庙，建于公元前2世纪，曾经是庞贝最大的宗教建筑。

第8—9天：索伦托—罗马

罗马被称为"永恒之城"，坐落在意大利半岛西岸中部，是意大利的首都，是意大利的政治、经济、文化和交通中心，也是世界上著名的历史文化名城，城中拥有古罗马各种珍贵历史遗迹。

（1）罗马帝国景点区。古罗马斗兽场是古罗马帝国标志性建筑之一，这座圆形竞技场采用混凝土、泥炭和砖块建成，体积庞大，高达50米，可容纳超过五万名观众。帕拉蒂妮山是罗马七座山丘中位处中央的一座，也是罗马市里所保存的最古老的地区之一。这里是罗马的起源地，拥有绝佳的风景。站在帕拉蒂妮山可以眺望斗兽场和古罗马遗址。有人把罗马古城比喻为一座巨型的露天历史博物馆，那么古罗马遗址更像是一个大型的考古现场。在罗马古都遗址上，矗立着帝国元老院、凯旋门、纪功柱、万神殿和大竞技场等世界闻名的古迹。

（2）梵蒂冈。梵蒂冈博物馆位于罗马市中心的天主教国家梵蒂冈，是世界上最小的国家的博物馆。一千多年来，古希腊、古罗马的文化遗产和文艺复兴时期的稀世珍品汇聚于此。

（3）罗马巴洛克景点区。万神殿是古罗马保存最完好的建筑，距今已有2000多年的历史，艺术家拉斐尔、罗马皇帝维托里奥·埃马努埃莱二世和温布尔一世等长眠于此。特莱维喷泉又称为许愿池。这座喷泉是罗马最漂亮的雕刻艺术作品之一，历时30年才建成，外形美观、装饰丰富、立体感强，整个喷泉气势磅礴、大气恢宏、泉水清澈。

第10天：罗马—佛罗伦萨

佛罗伦萨，别名翡冷翠、佛罗伦斯，是著名的世界艺术之都、欧洲文化中心、歌剧的诞生地，最早兴建于罗马共和国凯撒大帝在位时期。它位于意大利中部，是托斯卡纳区首府，也是欧洲文艺复兴运动的发祥地。

第11天：佛罗伦萨—博洛尼亚

博洛尼亚是意大利北部的一座城市，位于北部波河与亚平宁山脉之间，同时也是艾米利亚-罗马涅大区的首府。拱廊、众多的高塔以及数不尽的历史建筑是这座城市重要的文化遗产。

博洛尼亚还有一个别称叫"塔之城"，据说这座位于意大利中北部的小城曾建有几百座高塔，甚至有些还保留至今。博洛尼亚城市中心有比比萨斜塔还要高的斜塔，它就是博洛尼亚双塔，是博洛尼亚的标志性建筑。

博洛尼亚主广场始建于公元1200年，位于城市中心，也是博洛尼亚城区最大的公共广场。广场呈长方形，四周围绕着数座重要的中世纪建筑，其中就有圣白托略大殿，在广场西北角还有被视为城市标志的海神喷泉。

第12—13天：博洛尼亚—威尼斯

威尼斯别名桥城，是威尼托地区的首府，有"因水而生，因水而美，因水而兴"的美誉，享有"水城""水上都市""百岛城"等美称。威尼斯市区涵盖意大利东北部亚得里亚海沿岸的威尼斯潟湖的118个岛屿和邻近一个半岛，更有117条水道纵横交叉。

圣马可大教堂始建于公元829年，重建于1043—1071年。它曾是中世纪欧洲最大的教堂，是威尼斯建筑艺术的经典之作。它同时也是一座收藏丰富艺术品的宝库。教堂建筑遵循拜占庭风格，呈希腊十字形。上覆5座半球形圆顶，为融拜占庭式、哥特式、伊斯兰式、文艺复兴式各种流派于一体的综合艺术杰作。

威尼斯城其实是由100多个岛屿组成，坐落于潟湖之内。不同的岛屿都蕴含着各自独有的风土人情。穆拉诺岛便以制造色彩斑斓的穆拉诺玻璃器皿而闻名遐迩，在托切罗岛上则可以在一片绿荫中感受最原始的威尼斯风貌。

第14天：威尼斯—维罗纳—米兰

维罗纳是位于意大利北部的一座历史悠久的城市，位于阿尔卑斯山南麓，位于阿迪杰河威尼斯以西114公里。它是葡萄酒、水果和大理石的集散地，工业以纺织、机械、铁路器材、食品为主。该城市有古代罗马的圆形露天剧场和许多造型精美的教堂，2000年入选为联合国教科文组织的世界遗产。

米兰是意大利最大的都会、欧洲四大经济中心之一、世界时尚艺术中心和世界历史文化名城。这里是阿玛尼、范思哲、PRADA等世界著名品牌的诞生地，也是全世界最发达的地区和GDP最高的地区之一，其控制了世界百分之四的艺术珍品，是时尚界最有影响力的城市。

第15—16天：米兰—中国

（二）意大利北部重点城市游

第1天：从中国出发

第2—3天：参观罗马

罗马被称为"永恒之城"，坐落在意大利半岛西岸中部，是意大利的首都，是意大利的政治、经济、文化和交通中心，也是世界上著名的历史文化名城，城中拥有古罗马各种珍贵历史遗迹。

第4天：罗马—庞贝—索伦托

庞贝城保留了大量壁画，这些壁画被划分为四种风格，分别为镶嵌式风格、建筑风格、装饰风格和复古风格。

索伦托面朝大海，海边火山熔岩的峭壁上五颜六色的房子整齐排列，悬崖下质朴的海滨渔村祥和宁静，城市里交错狭窄的特色小巷经纬纵横。

第6天：索伦托—那不勒斯—佛罗伦萨

第7天：佛罗伦萨—比萨—佛罗伦萨

比萨是意大利中部托斯卡纳大区第二大城市，人口只有9万人，但已经有两千多年的历史了，有闻名于世的比萨斜塔，也有欧洲最古老的大学之一——比萨大学。

比萨斜塔是一座倾斜的独立钟楼，位于比萨大教堂的前方，高耸的比萨斜塔近千年来呈倾斜状态却不倒塌，吸引了全世界的人慕名而来参观游览。

第8—9天：佛罗伦萨—威尼斯

第10天：威尼斯—维罗纳—米兰

第11—12天：米兰—中国

（三）意大利南部深度奇幻游

第1天：从中国出发

第2天：到达西西里首府巴勒莫

第3天：巴勒莫—阿格里真托

第4天：阿格里真托—拉古萨

拉古萨的历史远至前两千纪到公元前16世纪，最早的一批定居者是西库尔人。同西西里岛上的其他城市一样，拉古萨也经历了无数政权的更迭——古希腊城邦时代、迦太基人、古罗马和拜占庭帝国的统治、阿拉伯人和诺曼人的占领……不同族群的人都曾在这个山窝里的大城中生活过，因此古城融合了多种建筑风格。

第5天：拉古萨—莫迪卡—锡拉库萨

第6天：锡拉库萨—卡塔尼亚—陶尔米纳

卡塔尼亚是意大利南部西西里的第二大城市，也是卡塔尼亚省的首府。卡塔尼亚位于西西里岛的东岸，墨西拿和锡拉库萨的半途、埃特纳火山的山脚。

第7天：陶尔米纳—那不勒斯—阿尔贝罗贝洛

阿尔贝罗贝洛位于意大利南部巴里的一个小城，在这里你能见到南部地区特有的建筑"特鲁洛石屋"。这种奇特的建筑由当地的石灰岩制成，使得阿尔贝罗贝洛拥有与众不同的外表。

第8天：阿尔贝罗贝洛—巴里—马泰拉—巴里

巴里的新旧市区分界明显，将新旧港区隔开的海岸凸出部分就是老市区的范围，街道如迷宫般杂乱无章，但集中了巴里几乎所有值得参观的旅游景观。而新市区则是从1813年开始依有规则的棋盘模式所构筑的现代化市区，路面宽阔，街道纵横有序，遍布商店和餐厅酒吧。

马泰拉是不少电影的取景地，具有一定的知名度，同时马泰拉的岩居已发展得十分完善，并且已延续了200万年，是一例值得研究的窑洞居住的例子。

第9天：巴里—庞贝—索伦托

第10天：索伦托—卡普里—阿马尔菲海岸—索伦托

卡普里岛分为东边的卡普里镇和西边的安纳卡普里两个部分。安纳卡普里的主要景点是蒙特·索拉罗山、圣米歇尔别墅；卡普里镇上充满了被粉刷得五颜六色的石头建筑和蜿蜒的小步行街。

阿马尔菲海岸线上点缀着古老的城镇和村庄，可以看到无与伦比的第勒尼安海海景。阿马尔菲海岸共有13个城市，其中普西塔诺、阿马尔菲和拉维罗是最著名的，以其海滩、步行道和甜蜜生活方式而闻名。

第11—12天：索伦托—罗马

第六章

意大利旅游资源的开发与保护

　　意大利地处欧洲南部，主要是由位于南欧的亚平宁半岛以及西西里岛与萨丁岛这两个位于地中海的岛屿组成。得益于其优越的地理位置，意大利拥有无比丰富的自然旅游资源。与此同时，意大利也是欧洲民族与文化的摇篮，它孕育了罗马文化和伊特拉斯坎文明。意大利是欧洲文艺复兴的发源地，拥有众多文化遗产，意大利的人文旅游资源更加丰富多样。本章主要对意大利旅游资源的分类进行详细介绍，并对意大利旅游开发的内容与原则进行简单分析，最后总结意大利在旅游保护方面的相关政策措施，以期为其他国家发展旅游业提供经验。

第一节　意大利旅游资源的分类与特点

　　所谓旅游资源是指对旅游者具有吸引力，能够激发旅游动机，具有一定旅游功能和价值，能够被旅游业开发利用，能够在自然界和人类社会产生经济、社会和环境效益的事物和因素。旅游资源是旅游业发展的前提和基础。

意大利的旅游业作为一个成熟的产业已经有100多年悠久的历史。意大利国内旅游资源丰富，几十年来，一直位于世界旅游强国之列。意大利地处欧洲南部的亚平宁半岛上，狭长的形状犹如一只靴子。意大利主要由亚平宁半岛和地中海的两个大岛西西里岛和萨丁岛组成。意大利陆地面积约30万平方公里，五分之四的土地是丘陵地带，北部是阿尔卑斯山，中部是亚平宁山脉。勃朗峰海拔高4810米，是欧洲的第二高峰。亚平宁半岛西侧的维苏威火山和西西里岛上的埃特纳火山，是欧洲众所周知的火山，其中欧洲最大的活火山是埃特纳火山。发源于阿尔卑斯山南坡的波河是意大利最长的河流，加尔达湖、马焦雷湖和科莫湖是较大的湖泊。作为古罗马帝国的诞生地，意大利在14—15世纪经历了前所未有的繁荣，被称为"文艺复兴的摇篮"。罗马是意大利的首都，自8世纪以来一直是天主教世界的中心。其他著名城市包括米兰、威尼斯、佛罗伦萨、那不勒斯、都灵、热那亚、巴勒莫等。意大利南北差别很大，北部的阿尔卑斯山终年积雪，而南部的西部群岛阳光明媚，令人神清气爽。一年四季，意大利的每一个地方都不会让人失望。

一、意大利旅游资源的分类

（一）自然旅游资源

自然旅游资源主要是天然赋存的具有游览观光、休息疗养、娱乐体育等吸引力的地理要素，这些要素或以单体和单体组合，或以某种要素为主，辅以其他要素组合构成旅游资源。意大利自然旅游资源丰富，包括：山地旅游资源；水体旅游资源如江河、湖泊、泉水、瀑布、海滨等；气象旅游资源；生物旅游资源包括植物旅游资源、动物旅游资源和自然保护区。

由于自然环境和地质因素的影响，意大利的自然旅游资源主要分布在海岸线附近和山脉附近。

意大利著名山地旅游资源：阿尔卑斯山脉、亚平宁山脉、多洛米蒂山脉等。

意大利著名水体旅游资源：威尼斯大运河、加尔达湖、Cascate del Mulino di Saturnia温泉、马尔莫雷瀑布、利古亚海滨区等。

意大利著名气象旅游资源：典型的地中海雨景、阳光充裕的海滩、阿尔卑斯山的冰雪景观等。

意大利著名生物旅游资源：格兰天堂国家公园、托斯卡纳群岛国家公园、卡森蒂内西森林公园等。

（二）人文旅游资源

人文旅游资源是指古今人类所创造的能够吸引人们进行旅游活动的物质实体或以其为载体的神话传说、名人轶事等。意大利人文旅游资源包括历史古迹与建筑、世界文化遗产、著名购物中心、园林、民俗等。

由于人文地理因素的影响，意大利的人文旅游资源是因古代政治、经济和文化中心建造而发展的。人类重大行为所留下来的地理"遗迹"本身就是人文旅游资源。因此，罗马、佛罗伦萨等地有着较为丰富的人文旅游资源。

意大利著名历史古迹与建筑：古罗马广场、圣索菲亚大教堂、佛罗伦萨美第奇府邸、巴洛克建筑等。

意大利著名世界文化遗产：阿尔卑斯地区史前湖岸木桩建筑、罗马历史中心、威尼斯及潟湖等。

意大利著名购物中心：罗马、佛罗伦萨、米兰、威尼斯等。

意大利著名园林：哈德良别墅、卢福罗花园、帕多瓦植物园等。

意大利民俗活动：传统节日如狂欢节、复活节、主显节等；特色民居如意大利阿普利亚圆锥形石灰岩民居；烹饪技艺等。

二、意大利旅游资源的特点

（一）种类的多样性和数量的丰富性

1. 自然旅游资源丰富多彩且风光秀丽

领略阿尔卑斯山山峰挺拔巍峨、亚平宁山山峦起伏柔和森林苍茫，体验当地居民辛勤工作、简单生活、天然食物、精美工艺和快乐节日，感受烟雾缭绕的火山上演着大自然的强大与奇妙，享受湖泊的风景静谧、湖畔的风景宜人。

意大利南部有一条美丽的海岸线，最著名的是阿马尔菲海岸，它已经被评为人们必去的50个地方之一。此外，卡普里的蓝洞、海边山城苏莲托也大受欢迎，拥有童话般美丽景色。

2. 人文旅游资源数量众多且类型多样

曾经作为罗马帝国的首都和西方世界的中心，意大利如今拥有最多的世界遗产。古老的斗兽场、广场、万神殿、教堂和其他历史遗迹吸引了世界各地的游客来探索这个神秘的地方。此地产生了很多的文学、艺术、建筑及科学名人，其中包括著名的诗人但丁、画家达·芬奇和米开朗琪罗、科学家伽利略等，中世纪文化蓬勃发展，伟大的文艺复兴也由此开始。来一场以缅怀为主题的旅行，看看大师们留在这片土地上的印记。

同时，意大利美食是在世界范围内最被广泛流传的美食之一，咖啡、冰淇淋、比萨、意面，只要在这些早被人们熟悉的美食前加上"意式"两字，好像人们的味蕾又被重新唤起。的确，正因为意大利独特的地理位置和气候，再加上意大利人对于美食的追求，你才能在这里品尝到独一无二的美食。

意大利歌剧也享有极高的盛名，更孕育出像威尔第、普契尼这样优秀的作曲家。每座城市都有值得一去的歌剧院，其中米兰的斯卡拉歌剧院和那不勒斯的圣卡罗歌剧院最具代表性。留出一个晚上的时间，静静地欣赏一出歌剧，为你的意大利之行更添精彩的一笔。

意大利电影《罗马假日》《托斯卡纳艳阳下》《西西里的美丽传说》《碧海蓝天》等为我们描绘了意大利最初的样子，追随影片中的足迹，一探这片土地的今日之景，开启属于你的意大利旅行回忆吧！

意大利足球蜚声国际，意甲联赛更是欧洲五大联赛之一。梅阿查（圣西罗）球场是AC米兰和国际米兰这两支豪门球队的共用主场，而米兰作为欧洲唯一一座拥有两支欧冠冠军的城市，也无疑成为球迷心中的朝圣地。看一场自己支持球队的现场比赛，会是何等激动的体验呢？

（二）比例上的不平衡性

从自然旅游资源与人文旅游资源所占的比例上看，意大利人文旅游资源多于自然旅游资源。

意大利有着悠久的历史，考古发掘已发现早在70万年前就已经有了人类活动的遗迹。欧洲的历史被人文主义者分为三个时期，分别为：希腊罗马时期、中世纪"黑暗"时期、文艺复兴。意大利几千年的历史为人们留下了无比丰富的遗产：还曾被联合国教科文组织认定为世界上"人类遗产"最多的国家。例如远古史前时代的苏努拉西村，瓦卡莫妮卡的岩画，切尔维特里和塔奎尼亚的伊特鲁里墓穴等，都见证了这个民族的神奇色彩。许多城市都保留了历史的风貌，具有无限的魅力，罗马、佛罗伦萨、威尼斯都是真正的露天博物馆；一些小城如费拉拉、那不勒斯、锡耶纳、乌尔比诺、维罗纳、维琴察等也具有它们独特的魅力；还有一些不可遗忘的小城镇：中世纪时期的圣吉米尼亚诺，文艺复兴时期的皮恩察，巴洛克的城市瓦迪诺托；另有一些先人旧居如马泰拉的萨西和阿贝罗贝洛的特卢里等。

意大利人生来就有的审美品位，创造了意大利的超凡之美。沿着意大利文艺复兴的足迹，去参观被誉为永恒之都的罗马的古斗兽场；参观位于城中世界最小的国家梵蒂冈的世界最大的天主教堂；探寻古城庞贝的千年古迹；回想古罗马帝国辉煌灿烂的文明；漫步文艺复兴之都佛罗伦萨，欣赏著名的大卫雕像；漫步在教堂和艺术画廊之间，感受强烈的文化气息；乘坐贡多拉小舟穿梭在威尼斯河中，体会无与伦比的浪漫心情。

第二节　意大利旅游资源的开发

旅游开发是指因地制宜，通过科学调查、评价、规划、建设和管理，运用合适的资金，利用未利用的资源，提高已利用资源的深度和广度，综合研究资源、市场、产品、商品和人才，确定发展方向，做好相关配套工作，创造更好的经济效益、社会效益和生态效益，促进区域旅游业的建立、发展和提高。

同其他产业的开发相比，旅游产业的开发具有以下特点：系统性和层次性、动态性和超前性、可操作性和导向性、重复性和永续性、综合性和复杂性。

一、意大利旅游资源开发的内容

（一）旅游产品开发

旅游产品开发以资源为基础，以市场为导向，并且建立在时空两个维度之上。旅游产品开发的时间维度即程序，通常包括设想、选择、样品、总结和检验这五个阶段；旅游产品开发的空间维度即内容，它包括旅游地域的开发、旅游线路设计与组合以及旅游景点开发建设等方面的内容。其构成具有复杂性和多样性的特点，不同的分类标准从不同的角度揭示了旅游产品的结构特征，从而为旅游产品的开发提供了不同的思路。因此，旅游产品的开发应以准确把握旅游资源和旅游市场为基础。

意大利旅游产品的开发包括旅游线路的设计与组合和旅游客源市场的开发。

1. 旅游线路的设计与组合

（1）文化历史线路：罗马—佛罗伦萨—威尼斯—米兰。

（2）自然风光线路：畅游阿马尔菲海岸：索伦托＋波西塔诺＋弗罗瑞峡谷＋阿马尔菲小镇；"滑行"阿尔卑斯山脉：多洛米蒂滑雪胜地＋专业雪场；享受多洛米蒂徒步之旅。

（3）美食购物旅游路线设计：米兰—威尼斯—佛罗伦萨—罗马—那不勒斯。

（4）赛事节庆旅游路线：罗马—米兰（1月）；威尼斯—伊夫雷亚—阿格里真托（2月）；米兰（3月）；佛罗伦萨（4月）；阿西西—古比奥—锡拉库萨（5月）；佛罗伦萨—维罗纳—斯佩罗—米兰（6月）；锡耶纳—佩鲁贾—威尼斯（7月）；罗马—佩萨罗—威尼斯（8月）；威尼斯—维罗纳—那不勒斯—罗马（9月）；马里诺—佩鲁贾—阿尔巴（10月）。

（5）运动休闲路线：博尔扎诺—科莫湖—加尔达湖—西西里岛—佩萨罗。

2. 意大利旅游产品类别

（1）山水风光类

意大利不仅历史文化底蕴深厚，也是自然孕育出的一个美丽国度，山地、湖泊、温泉、自然保护区等遍布整个国家。斯泰尔维奥山口是东阿尔卑斯最高的公路隘口，是意大利斯泰尔维奥国家公园的中心。山口两侧的84个U形转弯，在海拔高差超过1500米的东西山谷里建起，成了斯泰尔维奥山口的最壮丽的看点。在U形公路的西边，有一条从峰顶冰川流下来的小河。河水时而平缓，时而跌宕，遇到山势陡峭时，公路上多了几个"之"字形回旋，小河则形成了长短不一的条条瀑布。河水倾泻而下，像一条白练伴着U形公路盘桓在绿山大峡之中，蔚为壮观。意大利的湖泊中最具建筑特色和美景特色的有马焦雷湖、加尔达湖、蒙泰伊索拉、伊塞奥和奥尔塔湖等，马焦雷湖归米兰所在的伦巴第大区和皮尔蒙特大区所共有，相对于科莫湖来说，这里更加安静一点。加尔达湖是意大利开发最多、面积最大、景点最少，也是意大利最受欢迎的湖。有祖母绿的色泽，以及童话故事里的水上城堡，海鸥和野鸭在阳光下嬉戏，湖边的树林发出阵阵柔和的光。转过一个小角，游客罕至，水边芦苇丛布满了整个水湄，有野鸭等水鸟穿梭其间。湖水静静地拍打着岸边的礁石，透过树荫，可以看到鲜红的汽艇随着水面一起一浮。如果说北方的湖泊是夹在山峦之间的狭长水面，那么中部的湖泊所呈现的则是全然不同的景色。另外，上百个温泉在亚平宁半岛上散落着，具有代表性的有阿巴诺温泉、菲优吉、蒙特卡蒂尼和伊斯基亚等温泉，既有在海边的，如歌德和利加诺黄金海滩；又有在山脚的，如莱维克温泉和梅拉诺。特拉帕尼是西西里岛最大的自然保护区，该自然保护区有不少珍稀的动植物，海水碧绿，是夏天消暑圣地。在这些壮美山河中步行、骑马或攀岩，令人心旷神怡。

（2）历史文物类

意大利是欧洲具有悠久历史的文明古国，考古发掘已发现早在70万年前就已经有了人类活动的遗迹，这充分说明了在旧石器时代就已有人类在这片土地上生活。伊特鲁里亚和大希腊都是欧洲的文明古国。罗马共和国和罗马帝国曾经统治世界的一部分达数个世纪，为后世留下深远的影响和贡献。意大利也是文艺复兴运动的摇篮。经过长期的分裂后，于1946年6月2日经公民投票废除王国，成立了意大利共和国。意大利历史悠久，早期孕育了伊特鲁里亚文明，为后期的文艺复兴奠定了坚实的基础，发展至今，意大利上千年的历史为人类留下了无比丰富的遗产。意大利有两万五千多座教堂、两万座城堡、三千家博物馆，曾被联合国教科文组织认定为世界上"人类遗产"最多的国家，其中最为著名的有罗马斗兽场、圣马可广场、圣母百花大教堂、万神殿、比萨斜塔等，还有其他一些永远都不会被人忘记的小城镇：包括中世纪时期的圣吉米尼亚诺，文艺复兴时期的皮恩察，以及巴洛克的城市瓦迪诺托等。圣彼得大教堂是世界上最大的教堂，有着传统且神圣的十字架结构。比萨大教堂是罗马-比萨艺术最高的艺术杰作，被称为意大利罗马风格的雕塑杰作。大教堂的正面装饰有四根柱子，门上的雕像非常漂亮。这座意大利古城的许多地方都保存着历史特色，散发着无穷无尽的魅力。

（3）美食美酒类

作为一个美食国家，意大利的美食是一种艺术形式，每道菜都堪称艺术品。意大利美食被称为西餐之母，是现代法国美食的基础，意大利菜系丰富，菜品多样，浓重质朴却也不失大气典雅，追求原汁原味，除了意大利面和比萨享誉世界外，意大利的海鲜与甜品也是众所周知，意大利各地的特色小吃和传统饮食也十分受人欢迎，例如，意大利的咖啡、火腿、奶酪、葡萄酒、橄榄油与零食、面、酱、比萨等产品已成为家喻户晓的美食。佛罗伦萨牛排闻名海内外，其原材料是由意大利托斯卡纳地区特产牛的T骨牛排，口感鲜嫩多汁。

此外，作为世界上最古老的葡萄酒产区之一，意大利独特的原产葡萄酒的品种就有数百种，西施佳雅干红、安东尼世家天娜干红、马赛托干红等意大利特色美酒，以性价比高、口味独特享誉海内外；而且国土南北跨度大，每个地区都有自己独特的气候和土壤；再加上各酒庄不同的酿造风格，造成意大利的葡萄酒风格瑰丽多变，因此意大利已经成为令众多葡萄酒爱好者魂牵梦绕之地。意大利全国拥有西北、东北、中部以及南部四大主要葡萄酒产区，西北的佩尔蒙特、东北部的威尼多、中部的托斯卡纳和南部的西西里岛分别以其葡萄酒之王、性价比高、基安帝酒故乡和阳光葡萄酒而著名。

（4）购物活动类

购物是旅游业发展的重要组成部分，一方面能满足游客的旅游需求，另一方面能够促进意大利地区经济和社会的发展。意大利是一个时尚与古典并存的国家，不仅拥有最时尚的精致的工艺设计品，而且还能找到最传统的手工艺制品，"意大利制造"被时尚宠儿们所追求。国内外许多网站都为游客们提供了意大利旅游和购物指南，如普拉达（Prada）、古驰（Gucci）、葆蝶家（Bottega Veneta）、菲拉格慕（Ferragamo）、阿玛尼（Armani）、宝格丽（Bulgari）、卡瓦利（Just Cavali）、华伦天奴（Valentino）、杜嘉班纳（Dolce & Gabbana）等许多大品牌，以其精美的设计和一流的技术，一直吸引着追求美丽和时尚的人。意大利的各个旅游城市都是著名的购物中心，北从米兰、南到卡塔尼亚，旅游者可以在每个地方买到心仪之物，但这些城市又以佛罗伦萨为天堂中的天堂。佛罗伦萨商品种类、品牌齐全，不仅有顶级名品，也有平价的购物场所，购物区域集中，橱窗内的品牌鞋子、手袋、服饰、金银制品等令人驻足观望。另外较为著名的就是时尚之都米兰，这里已成为千万人民购物地点的代名词，在米兰大教堂周边地区，特别是科索维托里奥·埃马努埃莱站，经过圣巴比拉，经过都灵，以及著名的米兰时尚四方街坐落着意大利以及世界各个知名品牌的店铺，各种精美店铺鳞次栉比，令人流连忘返，充分享受购物的乐趣。此外，意大利的私人订制是追求个性与品质的游客的不二选择，那不勒斯的西装、佛罗伦萨的皮具，是意大利工匠们手艺的展示，也是意大利手工文化的代表。

（5）体育活动类

意大利的体育运动是意大利人民热爱生活、享受生活的象征，足球、骑马、赛马、狩猎、滑雪、篮球、帆船等运动都在意大利盛行，意大利也为热爱运动的人们提供了无尽的资源和活动机会，使他们既能欣赏到纯粹自然的美景，又能体验到体育运动的欢乐。作为意大利国球的足球受到意大利各大城市的重视，在大部分地区都有相应的联赛球队，多支国际著名强队汇集在这里。单单是米兰一座城市就坐拥两支顶尖强队。圣西罗球场每年也是迎来世界各地球迷，让狂热者们足足过上一把看球瘾。对于骑马、赛马、漂流、帆船、滑雪等活动，意大利不仅为客人提供精良的设施设备，还努力创造活动场所和机会，为运动爱好者和游客们提供无尽的可能，如在米兰、巴勒莫、罗马及其他许多城市都有许多赛马跑道，漂流和帆船运动主要在意大利湖泊区，即利古里亚沿海岸、撒丁岛北部海岸等一带，滑雪场主要分布在阿尔卑斯山和亚平宁山脉沿线。此外，狩猎活动是意大利最惊险刺激的运动项目，喜欢探险活动的旅游者可以到遥远的人迹罕至的地区体验原始自然的生活。天然的湖泊与山脉使意大利成为运动爱好者的天堂，吸引了世界各地的体育爱好者，为意大利的体育运动发展增添了自然气息，使意大利的旅游文化更加丰富多彩。

（二）旅游客源市场开发

旅游客源市场开发是指旅游企业为了实现旅游产品的价值而开展的一系列占领和扩大旅游客源市场的相关活动。它包括两方面：一是充分发挥现有市场的潜力，增加其在现有市场中的份额；二是开发新的旅游市场。旅游客源市场开发应在明确旅游市场战略目标的基础上进行市场调研与预测，了解旅游市场需求和旅游产品竞争对手，分析市场环境，选择目标市场，确定相应的市场营销组合，为企业界定经营范围和领域提供依据，并为企业开发优质的旅游产品，满足旅游市场的需求，实现经济、社会以及环境效益的最大化奠定基础。旅游客源市场开发的核心工作是运用市场学的基本原理和方法对旅游客源市场进行调查、预测、细分和目标市场的选择等。

中国、美国和俄罗斯游客一直以来都是意大利旅游市场最主要的消费群体。

中国游客是意大利国际旅游市场的重要组成部分，同时是意大利奢侈品最大的消费群体之一。中国和意大利都是有着千年历史的文明古国，拥有数量丰富的世界文化遗产，这些因素都深深吸引着双方的民间交往，也促进了双方旅游文化业的发展。

美国游客同样是意大利旅游市场的最重要的高消费者。他们则更偏向于前往威尼斯（Venice）和佛罗伦萨（Firenze）等充满艺术气息的城市。

俄罗斯游客也是意大利旅游市场的中坚力量，且是意大利国际旅游的高消费群体。大手笔的俄罗斯游客偏爱诸如陶尔米纳（Taormina）和阿马尔菲海岸（Costiera Amalfitana）之类的海滨度假胜地，这和俄罗斯人民豪放洒脱的性格分不开，对比于欣赏建筑、享受美食他们更喜欢找一处壮观的自然景色尽情放松，尽兴嬉闹。

二、意大利旅游资源开发的原则

（一）特色原则

意大利境内拥有丰富的旅游资源，政府负责对旅游开发部门根据不同旅游景点或旅游地区的具体情况进行积极的引导，从观光、度假、文化、娱乐等多方面综合的旅游价值考虑，因地制宜，不同地区采用不同的开发措施，打造具有地方特色的旅游品牌。各大区、省、市地方旅游局也因地制宜，以自身的资源条件为依据，积极开发具有浓重的地方特色的旅游项目，吸引游客前往。意大利旅游部门在保留传统的"观光旅游"的同时，还推出了多种新型的各具特色的旅游项目，包括"文化旅游""乡村生态旅游""滨海风光旅游""饮食文化旅游""山地旅游""温泉疗养旅游""会务旅游"等，例如，意大利主要农业区，南部的普利亚大区和中部的托斯卡纳大区推出了"乡村生态游""饮食文化游"；北部山区特兰提诺–阿尔托阿迪杰大区推出了"山地旅游""冬季旅游"；靠近亚得里亚海的艾米利亚–罗马涅大区和西西里大区则推出了自己独特的"滨海风光旅游"。

（二）协调原则

　　意大利在各个城市保持独立性的基础上，走上了城市联合、与周边地区兼容、连通为一体的大规模经营之路，充分利用了城市周边的旅游资源，发挥出旅游城市的辐射作用，实现了旅游区域的规模经济效益。意大利旅游业的整体发展思路非常明确。不是依靠单个城市单独发展，而是要形成区域规模经营的局面。重点旅游城市附近的城镇和地区通常以便捷的交通条件相连，从点到线，从线到面，形成不同风格的旅游线路，然后联合成大型的旅游区域，打造整体旅游品牌。旅游区内的每个城市往往都有自己的特色，而且不会相互重复，由于城市文化资源类型与风格的差异，它们构成了旅游线路不可缺少的组成部分。一旦游客进入这个旅游区，他们一般不只是游览一个城市便离开，而是被不同城市不同的旅游风俗民情所深深地吸引，因此他们会将附近的重要旅游地都游览一遍。这种情况的形成，不仅依靠其便利的旅游交通条件和住宿条件，而且还依靠大型旅游区域的政府和有关主管部门对其进行的规划开发、宣传和指导管理。这样，一个旅游城市的吸引力就融入区域旅游业的吸引力中，一个特色旅游城市的独特风格就融入区域整体旅游业的特色中去，从而在更大程度上调动了游客的积极性，增加游客在该区域的停留时间，同时促进了当地吃、住、行、游、物、娱等各个经济领域的发展，发挥了区域规模的经济效益。这种规模效应与意大利丰富的旅游资源密切相关，也反映了意大利旅游业成功发展的理念。

（三）文化原则

意大利拥有丰富的城市旅游资源，而且这些城市旅游资源是客观存在的、静态的。但是，这并不意味着这些旅游资源不会被消耗。因此，如何使城市旅游资源保持生机与活力，使城市旅游资源能够持续地产生经济效益，是意大利旅游发展中必须要解决的一个问题。

对于这一问题，意大利在旅游发展的过程中探索出一些有益的经验，如重视历史遗产的保护，并在这一过程中凸显历史文化遗传所蕴含的人文意蕴，促进历史文化遗产发挥多方面的文化价值。

下面以意大利歌剧院为例，对意大利旅游资源开发的文化原则进行详细说明。意大利拥有很多的歌剧院，而且不少歌剧院有着古老的历史，并闻名世界。意大利人也十分喜爱歌剧，这为意大利古老歌剧院旅游价值的发挥提供了重要基础。意大利为了充分发挥歌剧院的经济价值，主要的歌剧院每年都会举办"歌剧季"，吸引几十万人前来观看。在这一过程中，古老的歌剧院不仅带来了巨大的经济价值，而且古老歌剧院建筑的文化价值得到了最大程度的凸显与传承，对意大利传统文化的发展有着积极的作用。

（四）可持续发展原则

旅游业要想获得可持续发展，必须重视保护旅游资源，并实现旅游资源向旅游资本转化的可持续性。意大利在发展的过程中，形成了丰富的历史文化遗产，并在很早之前便认识到保护历史文化遗产的重要性。早在1939年，意大利便颁布了《文物保护法》《城市法》等，明确规定要保护环境和历史建筑。自此之后，意大利政府一致致力于历史文化遗产开发、利用与保护。在这一过程中，意大利政府不仅重视提高人们的文物与环境保护意识，而且重视激发意大利人民的民族情感，吸引越来越多的意大利人前去参观历史文化遗产。在进入20世纪70年代后，意大利又提出了有关历史文化遗产保护的新理念——整体性保护。这一理念要求不仅要保护单体建筑，也要对古建筑进行成片保护。与此同时，意大利还提出在对具体的历史建筑遗产进行保护的同时，也要对与历史建筑遗产相关的历史文化传统以及人们的生活方式进行保护。在这些新理念的影响下，意大利的历史文化遗产保护取得了重要成就，在旅游发展中也发挥着日益重要的作用。

第三节　意大利旅游资源的保护

一、高度重视文化遗产保护

意大利一直是世界上文化遗产最为丰富的国家。2021年8月，意大利在《世界文化遗产名录》排名中，仍位于第一。意大利旅游业的发展以众多的文化遗产为基础。因此，高度重视文化遗产的保护和可持续利用是意大利旅游政策和战略制定的重要组成部分。

（一）健全机构

意大利文化遗产与活动部对保护与发展全国各地重要的遗址等工作进行直接负责和管理。隶属于该部门的保护文物出土、艺术品等部门，直接管理与保护全国重要的遗址、考古区、古迹、文物和博物馆藏品等。设立"文物监督人"是意大利文化遗产保护的特点。"文物监督人"隶属于文化遗产部直接领导的建筑历史环境监督局，派驻各地并受中央政府的垂直领导。其主要职责是监督文化遗产的保护、修复和利用，为政府处理复杂的问题，提供咨询意见，以及协调地方和中央政府有关遗产保护的方针政策。

（二）提供法律保障

在文化遗产保护的方面，意大利高度重视立法的地位和作用，将文化遗产保护、开发和利用作为长期的国家政策，并颁布了严格的法律条例来进行规范。意大利不仅在其宪法中规定了对文化遗产的保护，而且还制定了一整套法律体系，包括《文化和自然遗产法》《资助文化产业优惠法》及《文化遗产与景观法典》。

（三）提供多元化的资金支持

在资金方面，中央政府将超过20亿欧元的经费用于对文物古迹的保护，并每年增加文化遗产保护方面的经费。地方各级政府也有相应的文化遗产保护专项财政资金。意大利政府为世界文化遗产的景点以及国家博物馆的门票规定了统一的价格，所有门票收入全部交给国库，用于保护文化遗产。与此同时，政府还鼓励企业和私人投资对文化遗产进行保护，另外还对投资保护和文物修复的企业和个人提供税收方面的优惠。此外，意大利还鼓励私人资本接管并经营一些博物馆、古迹、遗址，但其所有权、开发权和监督保护权由国家掌握。

（四）鼓励民间团体和公众参与

除了国家统一的文化遗产管理外，政府还积极引导并鼓励非政府组织包括"我们的意大利""意大利历史建筑协会""意大利环境基金会"等在推动政府制定法律、完善制度、保护遗产以及社会宣传等方面发挥重要的作用。此外，意大利政府还很重视公众参与文化遗产的保护：遗产景区实行低门票政策，对于不同的群体，不同时期实行门票优惠；定期会组织学生到遗产景区进行参观学习；对于公众，积极策划多种形式的文物宣传和推广方面的相关活动。每年5月的最后一个星期，意大利政府都会举办"文化遗产周"活动，国家博物馆、考古博物馆、艺术画廊、文物古迹等所有的国家级文化和自然遗产免费向公众开放。

二、实施区域整合

近年来，意大利国家旅游主管部门将重点放在卡拉布里亚、坎帕尼亚、普利亚及西西里岛这四个区域的旅游整合发展上。其具体方法包括"管理与技术援助国家运营计划（2007—2013）""文化、自然与旅游景观跨区域计划"等。截至2010年，国家旅游管理部门已经与区域和自治省签署了谅解备忘录，并完成了43个区域及跨区域旅游项目设计。

此外，旅游管理部门还协调地方跨年项目，例如坎帕尼亚、巴西的利卡塔及普利亚村庄的接待计划，卡拉布里亚、普利亚及西西里岛地中海美食和葡萄酒项目，伦巴第、西西里岛的乡村旅游项目等，目的是提升旅游企业绩效、促进文化旅游业的发展、完善基础设施、减少污染、吸引客源、开发新的文化旅游线路。

三、加强国际合作

加强与其他国家和地区的旅游合作，并积极参与各种国际组织的旅游事务，是提升意大利旅游知名度、打造意大利旅游品牌的主要途径，也是其适应世界旅游发展趋势的重要举措。

（一）加强区域旅游合作

意大利政府和旅游部门正积极加强与周边国家的旅游合作。例如，2010年，意大利和法国签署了谅解备忘录，通过"游览意大利"（via Francigena）这个项目，推动对意大利文化旅游线路的保护。该协议也对英国和瑞士开放。2011年，意大利与法国和西班牙两国签署议定书，以促进中国、印度和巴西等新兴市场的旅游营销，并签署了一项促进亚得里亚海和伊奥尼亚海盆旅游发展的议定书。此外，意大利还与法国、瑞士、西班牙等邻国开展旅游资源开发与旅游市场开拓等方面的合作。

（二）积极参与国际旅游事务

世界旅游伦理道德委员会的常务秘书处由意大利文化遗产、活动与旅游部设立。从2008年开始，该委员会以促进发布世界旅游组织全球旅游道德准则、组织有关道德与旅游业相关国际会议、执行旅游道德准则的倡议书为目标。2013年，意大利与世界旅游组织签署了谅解备忘录，旨在执行全球旅游道德准则促进中心的活动。意大利作为欧盟重要成员国，积极参与欧盟各项旅游相关事务，参与制定欧盟跨国宗教文化旅游路线、乡村体验旅游路线等，以及卓越旅游目的地评选等活动。

第七章

意大利出入境游

欧洲有众多非常有吸引力的国家，意大利就是其中之一。欧洲文化在这里诞生，罗马文化和伊特拉斯坎文明也从这里孕育出来，中世纪时这里成为文艺复兴的发源地。意大利被列为全球拥有世界上遗产最多的国家之一，截至目前，联合国教科文组织在意大利已评定出58项世界遗产。意大利在艺术与时尚领域也领先于各国，处于世界领导地位，米兰是意大利的经济中心，也是其工业中心，每天有世界各地大量的游客会被"世界时尚之都"吸引前来观光旅游。

第一节　入境游

一、入境须知

（一）非申根国家公民入境须知

意大利包括欧盟其他的申根国在海关方面对于出入境的相关规定基本相

同。根据《申根协定》第5条，非申根国家的国民进入意大利必须满足以下条件。

（1）要想进入意大利，必须在过境点入境。

（2）持有经意大利政府批准的有效护照的旅行证书（意大利政府驻外使领馆只向特殊情况下进入意大利的外国人发放通行证）。

（3）持有确认入境目的和滞留条件的文件，证明其有足够资金支付在意大利逗留期间的费用，并能够支付回国或前往第三国的旅费（不包括居住在申根并取得正式居留的外国人）。

（4）持有有效入境或过境签证。①外国人在申根国家停留并获得官方居留权的，如果需要免签证，那么停留时间要在3个月以内。但是，如果你在意大利工作或实习，就不能得到上述豁免。②外国人免签证还有一种情况，即已经获得意大利官方居留资格。

（5）没有不准入境的记录。

（6）意大利官方不认为你会对当地的安全、社会秩序与国际关系产生威胁。

（7）如果你有相应的签证，但你存在不符合以上任一要求的情况，意大利边境也不会同意你入境。

（8）拐卖儿童罪在意大利政府看来是非常严重的，如果要带未成年的子女入境时，最好提前开具亲属关系证明书。如果让别人随身携带儿童，需提前准备一份授权书以防在海关出现麻烦。

（二）入境检查材料最新要求

（1）有效的根签证。进入申根区前如果由意大利进入，申请本国签证是最优选择。

（2）邀请函、入学证书、助学证书、家庭聚会文件以及其他能够证明住宿目的和期限的文件。

（3）足够的现金或者信用卡、医疗、旅游者保险凭证等。

（三）机场入境物品携带规定

（1）乘客进入意大利时如果携带现金超过一万欧元，不想被扣留并被罚款20%，那么必须提前向海关进行申报。

（2）不允许携带肉类、腌渍食品和意大利方认为可能危及意大利人安全的其他食品以及易燃易爆危险品。在旅行中如需准备必要的药物，只能是按照要求携带，医生的诊断证明、用药说明以及处方也必须准备好。

（3）携带的包裹中最多装不超过100毫升的液体，不能携带刀具（包括水果刀和剪刀）以及其他可能会伤到他人的金属物件。

（四）带免税烟、酒精等商品的数量要求

1.香烟类，可带以下品种之一

（1）200支香烟。

（2）100支含雪茄量低于3克的卷烟。

（3）50支雪茄。

（4）250克烟草。

2.酒精类，可带以下之一

（1）1升没有添加变性剂、容量超过80%的酒精且高于22度或纯度高于80%的酒精饮料。

（2）2升低度葡萄酒以及低于（含）22度的酒精或蒸馏饮料、香槟、开胃葡萄酒、烈性葡萄酒。

3.香水类

（1）50克香水。

（2）250毫升清新剂。

4.咖啡类，可带其中之一

（1）500克咖啡。

（2）200克咖啡精华液或浓缩咖啡。

5.茶类，可以携带以下两种物品中的一种

（1）100克茶叶。

（2）40克茶叶精制。

如果旅客携带消费品进入意大利时超过上述限制，就要向海关申报，超过免税份额的物品必须缴纳关税，发现携带多余物品的旅客欺骗海关偷税，将责令其纳税。乘客如被发现携带非国产烟或者逃了高于4000欧元的税金，

将会被起诉存在走私的嫌疑，还会被接受2～10倍的罚款处罚。扣押的物品可以被乘客取回，除支付物品价值等赎回款项外，还必须支付关税和罚款。

二、签 证

意大利作为申根国家之一，中国公民只需要持有申根国家的有效签证即可以出入意大利境内，如果需要出入其他申根国家，持有意大利签证也是可以的。广州总领事馆接待位于广西、海南、福建、广东等地的中国公民的申请；上海领馆办理位于上海市、安徽、浙江、江苏等地公民的签证；北京大使馆办理大陆除以上省份外的其他省市的签证手续；意大利驻香港总领事馆办理澳门、香港特别行政区人员的签证。意大利签证的官网是：http：//www.italyvac.cn/chineese/index1.aspx。意大利的签证无需面试，办理时需要准备以下材料。

（一）基本材料

（1）有效护照。

（2）护照（近期）照片。

（3）签证申请表（需申请人填写完整并签字）。

（4）资金的证明（提供申请人的工资卡和银行对账单）。

（二）根据出行目的选择对应的申请材料

1. 团体旅游签证

通过向由"中国国家旅游局"授权并在申根国的大使馆备案的中国旅行社申请ADS签证。

2. 个人旅游签证

申请必须提供意大利方邀请函、担保人或资金证明以及申请人偿付能力的证明。

3. 学生签证

（1）非奖学金的学生需要提供其父母的资金证明以及申请人本人的国际双币信用卡（最低余额为4173欧元）或者价值为4173欧元的银行汇票。

（2）预注册的学生需要提供住宿证明的原件或者房东的身份证复印件，如住酒店，需提供两周以上的酒店预订单。

（3）年度预注册的学生名单。

4.商务签证

需提供商务邀请函的原件。

5.参加意大利展会

如中国公司要参加意大利展会，需由意大利的组展方将参会人员名单发送给意大利使馆邮箱（visti.pechino@esteri.it）进行备案后，签证中心才会接受其提交的签证申请。

（三）签证费用

（1）短期（C类）签证费：60欧元。

（2）长期（D类）签证费：105欧元。

（3）留学签证：免费。

（4）意大利签证申请中心的服务费：220元人民币。

三、护照

作为欧洲国家和文化的堡垒，意大利在欧洲发挥着重要作用。要前往意大利，中国公民必须持有被允许进入意大利的护照。中国护照是中国政府发给中国公民在出国或出境、在国外或境外旅游或居住时，用以证明其国籍和身份的正式证件。它可分为外交护照、公务护照、普通护照和特区护照。如是个人（团体）旅游，只需办理普通护照即可，出境旅游的目的地的国家一般要求护照的有效期要高于6个月，但个人普通护照的有效期不超过十年，在有效期截止之前的6个月内公民可以自行办理更换手续。

（一）所需材料

（1）申请表一份。

（2）照片一张。

（3）身份证明。

（4）单位意见。

（5）监护人相关材料。

（6）申请缘由相关的其他材料。

注意：由于地方政策存在差异，具体需提供的其他材料，可提前向各地有关部门了解详情。

（二）费用

（1）首次办理：200元/本。

（2）二次、多次换发：220元/本（包括换发加注费）。

（3）失效后需重领：220元/本（包括重申加注费）。

（4）被盗或损毁需补发：220元/本（包括补发加注费）。

（5）丢失需补发：420元/本（包括补发加注费）。

（6）需加注：20元/本。

（三）注意事项

（1）因各地政策及办理流程不同，需提前向有关部门咨询详情。

（2）不可委托代办，必须申请者本人现场递交申请。

（3）小于16周岁的普通护照为五年有效期，大于、等于16周岁的为十年有效期。

（4）有些地区需先提交网上申请，预约成功后到现场办理。

（5）提前了解并做好材料准备工作有助于增快申请护照的速度。

（6）公安出入境部门通常会在收到护照申请材料后的15日内办理结项。如需加急办理，必须提供相应的加急证明材料，各地情况会有差异，需提前咨询。

四、海关

入境意大利需要免征关税的乘客，包裹中携带的物品必须是贸易收入性质且总价值必须低于175欧元，15岁以下未成年人最多可携带90欧元。

（一）需要报关的物品

（1）虽然部分物品限制入境，但可以在一定数量内免税。

（2）禁止携带毒品、武器等入境。

（3）外汇金额不受限制。但离开该国时必须申报外汇储备金额。

（4）下列机场提供免税店：热那亚、米兰、比萨、威尼斯、罗马、皮密西诺、那不勒斯、里米尼、波洛尼亚。

（5）动物必须被检疫，并有盖章的健康证明，该证明必须在进入意大利前一个月完成。

（6）文物入境规定。携带文物入境的旅客必须向海关出示购买收据和原产地证明，海关将要求文物环保部门对文物进行鉴定。

（二）处罚

（1）旅客携带的物品在入境意大利时如超过上述说明，必须向海关报告，超过免税部分的商品必须缴税。

（2）如果携带过多物品的旅客企图欺骗海关逃税，被发现时将被责令纳税。如果偷税数额超过4000欧元或逃税物品是国外生产的香烟，该游客将被指控走私，将被处以偷税金额两倍至十倍的罚款。扣押的物品可以被乘客取回，除支付物品价值等赎回款项外，必须支付关税和罚款。

（三）货币、动物、植物和武器进出规定

1. 货币

价值不超过10329.14欧元的货币和证券可以在未申报的情况下进出意大利，如果超过这个金额，需要通关申报单：

（1）进出非欧盟国的乘客在过海关后要在其办事处填写报关单。

（2）来自欧盟国的乘客在入境48小时内或出发48小时（公共假期除外）到任何银行、海关办事处、邮局或金融警察局填写报关单。

2.动植物

（1）猫和狗

如果想把猫和狗带在身边，必须提供它们的产地证明和动物健康证明（由意大利认定的外国公共卫生部门签发），必须能够证明它们身体健康且狂犬病疫苗注射已多于20天，注射日期自健康证明签发之日起11个月之内。

（2）其他动物

把鸟类、鱼类、青蛙、乌龟和其他动物带到意大利，需要准备原产地相关当局签署的原产地证书，证明书上需证明已接受卫生检查且无传染病。

（3）受保护动物

①如某些动物是《华盛顿条约》中要求保护的，包括蛇、乌龟、蜥蜴、鹦鹉等，乘客要带它们入境意大利，需准备其产地颁发的准出口许可证（CITES）。

②意大利禁止《华盛顿条约》中所列举的豹子等动物入境。

③如入境不按照规定出示出口许可证，会产生1033~9296欧元的罚款，严重的会把动物没收。

（4）象牙、兽皮、珊瑚

根据《华盛顿条约》要求，由受保护动物（如珊瑚、象牙、皮革等）制成的产品入境意大利，必须展示出口许可证（CITES），相关处罚规则和带动物非法入境的措施一样。

（5）植物

有些植物样品（如仙人掌、兰花）也属于受保护的种类，希望将这种植物引入意大利的旅行者必须出示由原产国签署的出口证书（CITES），《华盛顿条约》完全禁止对某些特定的类别的进出口。

3.武器

（1）如没有原住地警察局核发的相关准入许可证，严禁将模糊标志的枪支、刀剑（包括具有装饰效果的）以及其他武器带入意大利境内。

（2）乘客可将没有许可证的武器免费存放在入关处，并等相关部门签发许可证。

第二节　出境游

一、出境货物规定

（一）出境商品

意大利没有对出境货物价值的描述，但必须遵守目的地国相关规定。非欧盟国家的居住者来意大利购买的商品可以享受免除增值税，但必须满足以下要求。

（1）产品价格超过155欧元（含增值税）。

（2）货物只能在个人或家庭使用，装在乘客的私人行李中。

（3）商品收据应当标明商品名称，旅客个人信息以及护照或者其他旅行证件的详细信息。

（4）购买货物后3个月之内去往非欧盟国家。

（5）乘客将申请减免税的货物连同收据一起送往欧盟海关出口办公室，该办事处在收据上附上海关签证（VISTO DOGANALE），以证明货物将出口。

（6）在去往非欧盟国家之前，将标记有官方签证的发票交给从事减免与免税业务的公司，他们会把额外税款退还给旅客，通常是以现金或转账形式。

（二）文物出境管理规定

（1）运送具有丰富价值的文物（如具有五十年以上历史、艺术成就较大的装饰品、画作、雕饰以及一百年以上的家具等）出境时，需要意大利文物部门官员出具准出境许可证和海关授权的通知单。

（2）如想运送国家历史文物，其具有考古价值并主要体现在艺术与历史方面，需要获得政府文物办公室签发的出境许可与自由通行相关证明。

（3）如对该文物的各方面价值有任何疑惑需要解答，可按照规定程序申请政府文物办公室进行鉴定。

（4）小贴士：增值税减免后的货物不一定必须由乘客携带出境，航空公司也可以托运到目的地，在这种情况下，运输公司会向乘客发放航空运输证书（LTA）。

二、海关规定

办理完托运手续后，海关出口事务所必须确认下列情况是否属实后，才能签发海关签证。

（1）证货一致。空运证书与经销商开具发票上的商品信息描述一致。

（2）收发人一致。货物的发货人与收件人相同。

（3）证票一致。经销商开具的发票上登记的乘客身份信息与航空证明匹配。

三、乘客过境意大利

（一）准备材料

（1）过境到美国、巴西等非申根国家，只需要准备入境目的国所需的资料，如邀请函、签证等，意大利警察通常不会参与（常规安全检查除外），但是不可跨越国境。例如，从阿尔及利亚到罗马，再到美国，不需要意大利过境签证。如联程航班需要横跨两座机场，必须在乘机之前获得申根签证或过境签证。

（2）赴申根国家中途转机必须在乘机之前办理完成申根或过境签证手续。不可忽略的是，中国外交官和公务护照持有人如需经意大利去与中国签有免签协议的国家（如马耳他、斯洛文尼亚、立陶宛、波兰、匈牙利、斯洛伐克等国家），必须在出发前就办理好意大利的过境或申根签证。

（3）如果去免签证国家（包括非申根免签国家），需要携带相关的免签证协议，以免意大利方面不了解协议内容，影响日程规划。

（4）如果将乘坐的飞机延误，导致晚上在机场停留，航空公司将被要求办理临时入境手续并为乘客办理酒店入住。当大比例的旅客因航班严重延误而无法正常通行时，航空公司一般需要较长时间才能完成相关手续的办理工作。如果旅客因自己的原因误机，应及时换票或重新购买（可以通过朋友预订电子机票）。

（二）过境检查注意事项

通常国际交往中逐渐形成一些习惯做法，边检有权对入境人员进行检查。如果他们拒绝进入，没有义务解释原因。

（1）如果在中转或入境意大利途中碰壁，应如实向机场边防人员说明入境或中转原因，了解碰壁原因。如果不懂当地的语言，请询问翻译。

（2）如果受到不公平的待遇，可以要求联系中国驻意大利大使馆或领事馆。大使馆和领事馆会向警方了解情况并设法处理，但不能保证满足要求，乘客们应该理性地接受警察的决定。

（3）如当地工作人员处理情况具有偏见，要记得将证据保留起来。

（4）拒绝在模棱两可的文件上签字。

四、旅客定位表格PLF

目前国外疫情蔓延趋势不容乐观，但依然存在许多旅客在不可控的情况下也必须进出意大利，在此期间意大利政府的政策要求也进行了相应调整，众多乘客因不了解当下政策没有填写PLF（Passenger Locator Form，旅客定位表格）致使他们滞留在机场。所以建议大家在出入境意大利的行程开始之前查询最新政策信息，以免造成不必要的损失。旅客定位表格简称PLF，是欧盟委员会在2021年3月17日颁布的最新政策，该表已被要求实施，线上提交即可。

（一）"旅客定位表格PLF"的作用

（1）此表为意大利当地卫生部门记录旅客行程轨迹，进入欧盟成员国首先必须提交旅客定位表，否则将不被准许进入。

（2）游客只需要在出发或者到达之前，填写纸质表格或利用智能手机进行线上填写即可。

（3）填写内容有游客的个人信息、具体活动轨迹、目的地以及交通工具（如航空器、轮船等）。

（4）此表会通报各国的卫生部门，且其都可使用填写信息。

（5）此表最主要的作用是实时追踪每位旅客的活动轨迹，预判旅客在搭乘航空器、船舶、火车、客车等公共交通工具前是否会有传染病感染风险，从而预测病毒的传播途径和路线，并且有利于卫生管理部门在病毒感染产生的第一时间快速反应，与接触者取得联系，及时阻断传播发展。

（6）出发之前必须要了解目的地的规定，因制定PLF的规定因国家不同而有所不同，所以鼓励访问者通过欧盟网站填写。欧盟网站（https：//app.euplf.eu/#/）上展示着此表的填写流程及要求，访问者可以自行登录查看。填写结束后，该表将以可携带文档格式（PDF）和二维码的形式发送到个人Email电子邮件中。

（二）有义务填写PLF表格的人

（1）每一位欧盟国家的旅客都需要填写旅客定位表格，且必须亲自填写。

（2）如果你有一个涉及许多国家的行程，就必须为去的每个国家编写一个新的PLF，除非你是在短途中转才经过的国家，例如要转乘飞机，那么只需填写一份PLF即可，但必须标明最终目的地，这条规则也适用于搭乘船旅行的游客。

（3）意大利国民在回国之前必须填写旅客定位表格，否则不予许可，家庭出行的游客准许只填一份表格即可，但每位家庭成员的信息都必须注明。

（4）如未成年人单独出行，行程开始前其监护人需填写此表，若有随行人员，要在旅客定位表格中做好标记。

第八章

意大利旅游规划

　　旅游规划是一个地域综合体内旅游系统的发展目标和实现方式的整体部署过程，是依照一套法定的规范程序，对旅游地或者风景区长期发展的战略指引与保护控制，是对一个旅游区旅游业的战略谋划，是对该地区旅游供给环境的政治、经济、文化和资源所制定的未来发展策划、旅游技术线路设计和具体实施的行为规范。旅游规划是为旅游业发展绘制的一幅蓝图、制定的一部纲领。在本章中，将对意大利旅游规划的相关内容进行详细阐述。

第一节　　总体情况

一、意大利旅游资源概况

　　意大利位于欧洲的南部，主要由亚平宁半岛和地中海的两个大岛——西西里岛和撒丁岛组成，在意大利领土中还包含着梵蒂冈和圣马力诺这两个袖珍国家。意大利因其拥有美丽的自然风光和丰富的人文资源而被称为"旅游王国"，北部的阿尔卑斯山终年积雪覆盖，风姿绰约，南部的西西里岛日照充足，风景宜人，意大利一年四季的任何角落都让游客流连忘返。

首先从自然资源方面来说，南部的西西里岛和撒丁岛都是地中海度假胜地，意大利从南到北有漫长的海岸线，水质优良，沿海旅游设施也较为完善。其次是历史资源，在意大利街头，到处可见悠久的古罗马历史遗迹，不仅如此，文艺复兴时期的许多优秀作品也被很好地保存下来，世界上著名的水城威尼斯，也是由当地商人用不断积累的财富打造出来的。再次是人文因素，意大利人待人热情，注重生活，性格开朗健谈，当地居民认为度假是生活中最重要的一部分，旅游度假费用占据日常生活开销的相当大一部分，旅游内需很大。因此，当地的房车业、游艇业都比较发达。最后是学术因素，意大利领先国际的考古学为当地文物古迹的修复与保存提供了一个很好的平台，除此之外，意大利当地政府也高度重视文物保护工作。

二、旅游资源结构分析

概括而言，分析意大利的旅游资源结构，就是要将不同地区的不同旅游点或旅游区划分为不同的等级。划分依据不仅和旅游点或地区的自身资源条件有关，还与一些外界环境因素密不可分，例如，这些资源条件在周边国家旅游资源中所处的地位，主要客源国的距离和国外游客的出行方式等。除此之外，也与该地区和世界旅游业发展的总体趋势密切相关，主要包括以下几个方面。

（一）旅游点或地区自身的资源条件

当地观光、度假和娱乐等方面的旅游价值即为自身的资源条件，这是进行意大利旅游资源结构分析时应当考虑的首要因素。自然景观和人文景观等条件相对优越的景点或旅游区在开发利用时更容易取得成功。因此，其自身条件的优劣对判定一个旅游目的地是否属于首选或一流的旅游目的地或旅游区非常重要。

（二）旅游资源与游客源地的距离和交通条件

想要进行旅游资源结构分析，游客源地和旅游目的地之间的距离与交通条件也是重要因素之一。大多数到意大利的国际旅游者通常来自意大利北部和西部的一些欧洲国家，尤其是瑞士、法国、德国和奥地利。目前来看，前往意大利北部旅游的国际游客最为集中。

由于主要旅游客源地与意大利南部之间的距离相对较远，虽然当地的山景和海滩资源条件具有一定的价值，但目前旅游效益不高。

（三）国际旅游者的出行工具和方式

对旅游资源结构的分析还涉及国际游客的主要出行工具和旅游方式。国际游客入境意大利的途径很多，但目前大多是游客自行通过意大利北部的山口或隧道驾车进入。自驾游方式与游客出发地和旅游区的距离有很大关系。据统计资料来看，1000公里以外的旅游景点或度假区景区通常不会被自驾游者考虑。因此，尽管意大利南部地区的风景资源也比较丰富，但由于距离较远，对自驾游方式的旅客来说吸引力不够。但随着时间的推移，未来将有越来越多的国际国内游客选择乘飞机旅游，这也将在一定程度上促进意大利南部旅游业的发展。

（四）意大利区域和国际旅游业环境

在分析旅游资源结构时还必须考虑旅游环境因素，因为它的价值只能体现在区域和国际环境中。从外部环境来看，意大利旅游业主要有两个特点：一是周边国家竞争十分激烈；二是欧洲历来被视为国际旅游目的地的首选，但过去十年中欧洲旅游市场呈现不断缩小的趋势。美国逐渐成为仅次于欧洲的世界第二大旅游接待地、目的地，约占世界游客总数的1/15。与此同时，欧洲旅游业也面临着东亚和太平洋地区的激烈竞争。近年来，东亚和太平洋地区游客的增长率位居世界前列，年增长率为15%，是世界平均增长率的两倍之多。

（五）国际旅游活动与旅游业发展趋势

据世界旅游组织专家提供的题为《2000年前后全球旅游业预测》（中国旅游报1995年3月12日第4版）的特别报告，区域内旅游和远距离旅游将不断增长，而跨国长途旅游将以度假旅游和观光旅游为主，而区域内的主要旅游模式将是短期度假、建筑和文化旅游、特殊兴趣旅游、奖励和会议旅游。

三、意大利旅游总体规划

意大利蓝皮书指出，意大利政府为支持旅游业发展而出台的各项具体措施，分别属于不同的政策领域。总的来说，有些政策旨在支持酒店业的发展，而有些政策则专门支持意大利旅游的相关配套设施服务，例如旅游业的相关基础设施建设、历史文化遗产保护以及环境保护的相关政策，还有一些政策立足于完善旅游人口流动管理、满足旅游业相关需求。具体来看，在支持酒店业发展的相关政策中，除改善接待设施之外，还包括针对酒店、民宿、观光等各方面的减税措施和刺激政策。在文化遗产保护方面，相关政策旨在确保当地旅游业的吸引力和可持续发展。部分地区，特别是南部地区，也正在计划出台一套完整的措施，促进和便利游客流动，确保现有基础设施的安全运行，使发展旅游业的地区尽快实现人们的顺利出行。

想要了解意大利旅游业相关的公共体系的运转，我们必须认识到以下基本国情。首先，意大利的经济和财政政策均是由经济和财政部制定的，该部委的另一职责是批准国家公共投资计划，并为经济发展项目提供财政资金。其次，一部分与旅游业相关的重大决策通常由意大利文化遗产、活动和旅游部做出。最后，意大利旅游业的第三个重要部门是国家旅游局，由该部门负责制定旅游业年度发展计划。在2019年底制定的《2020年发展计划》中，意大利国家旅游局提出了几条指导路线，具体可简要归纳为以下几点。

（1）对旅游市场进行整体分析。意大利国家旅游局拥有一整套市场分析机制，可以通过运用这一机制对旅游业进行多方位深入分析，以此来支持并指导企业和地方政府的市场战略，改善政策和措施的实施效果，从而提升投资回报率。

（2）通过航空交通在线平台收集相关数据。通过全球分销系统（GDS）实时收集航班的预订信息，掌握意大利国内机场的航运情况。

（3）以意大利"境外旅游"和"入境旅游"为关键词进行新闻检索，以此对国内外媒体进行舆情监控。尤其将关注点聚焦于国际媒体如何报道与定位"意大利"这一旅游品牌，并基于舆情分析和探讨如何打造并提升意大利的旅游形象。

（4）进行旅游数字化监测管理。跟踪并评估游客和媒体对旅游目的地、旅游产品以及亮点服务的在线交流内容，通过对比游客对意大利和世界其他旅游目的地的评价，分析自身存在的不足并加以改进。

（5）研究国际旅游市场，对国外市场进行垂直监测。根据监测对象国的具体国情，同时启用计算机辅助网络访谈系统（CAWI）和计算机辅助电话调查系统（CATI），根据各个市场的社会经济状况将受调查人群的样本进行分类，对每个被监测国家进行多次访谈，并统计有效信息。

（6）对会展类旅游（MICE）、以意大利为目的地的会议产业需求以及意大利主要城市的相关服务进行监测。

第二节　意大利旅游发展政策

一、历史文化遗产保护政策

（一）高度重视对历史文物古迹的保护

《保护文化和自然景观遗产法典》的制定进一步加强了文化遗产的保护，将根据情况的严重性对损害文物古迹的行为处以相应的罚金以及六个月到一年的监禁。

（二）高度重视利用历史文化遗产

相关保护政策的实行提高了历史文化遗产的利用效率，使文化遗产由单纯的古董变成了生动的教材，在提升国民文化素养的同时还增强了民族的自信心、自豪感。

（三）高度重视保护历史文物古迹的真实性

在修复文物建筑时，工程总监由专业的建筑师担任，严格把控文物修补的质量，并有意将修复中所使用的建筑材料与文物本身区别开来，以便游客能够清楚地辨别出文物中修补过的地方，虽然这种做法影响了文物在形式上的协调性，却保留了历史的真实性。事实上，在进行文化遗产的保护工作时，意大利也逐渐从"风格性修复"转变为"科学性修复"。前者更注重表现和突出唯美主义的思想理念，过于强调文物建筑的历史形式和风格，却忽略了文物建筑在历史上的真实性。因此，尽管修复之后的文物建筑形式、风格上都完美无缺、无可挑剔，却使人质疑这种风格和形式存在于建筑历史中的真实性，因此被贬称为文物作伪，并在20世纪40年代后受到一致批评。后者则强调，对其进行维护、维修和加固才是保护历史建筑的最佳方式。如果实物不复存在，也就失去了真实性、历史性和文化性可言，该学派认为文物建筑的修护应注重历史性与真实性、艺术性和实用性的有机统一。在意大利的《文物建筑修复标准》和《威尼斯宪章》中，这些准则都一一得到承认。

（四）高度重视文化与旅游产业的发展

意大利经济之所以能够在二战后迅速复苏，国家经济的发展水平在西方的七大发达国家中排名第五，是因为在富集文化遗产的优势下，意大利及时抓住机遇，积极发展观光旅游业，并使之成为充满活力的新型支柱产业。

（五）高度重视乡村地区文化与旅游产业的开发建设

意大利在自然资源和乡村文化资源的基础上发展文化旅游取得了卓著的成效。例如，即使在两千年之后，设计者和建设者们的理念依然能够被人们从两千多年前的，介于自然和景色之间、历史与艺术之间、文化和神话之间的古希腊剧场中感受到。这件优秀的作品处在海天、山峦之间，处在古老的城池和白雪皑皑却又冒着烟雾的埃特纳火山之间，由此成为西西里岛旅游产业的一个传奇。

近年来，作为意大利的主要产业之一，文化旅游业发挥了巨大的经济和社会作用，在促进产业结构转型升级、提升区域形象、提高国民文化素养等方面扮演着重要角色。中国不仅有独特的自然风光，还有许多历史古迹等人文景观，而文化旅游业的发展需要一定时期的积淀，绝非一朝一夕之功，我国应不断提高对发展文化旅游产业的认识，戒骄戒躁，摒弃急于求成的做法和观念，充分利用中国旅游资源，大力发展我国文化旅游业，使其在世界旅游领域绽放光芒。

二、旅游融合发展政策

作为欧洲的文化发源地和文艺复兴的摇篮，意大利也是一个文化遗产大国。目前，联合国教科文组织已经把意大利的58处世界遗产列入名录，总数居世界首位。意大利也是世界主要旅游国，每年有1.17亿游客入境，在全球排名第五，其国际旅游的相关收入全球排名第六。具体来说，意大利的旅游融合发展特点主要体现在以下方面。

（一）文化遗产垂直管理，主要由旅游部门来负责管理营销工作

作为一个全权负责各项文化事务的国家机构，意大利文化遗产和活动部下设有18个保护局，直接管理全国各地出土文物、古建筑和艺术品等重要遗产。意大利中央政府实行文化遗产的垂直管理政策，并在全国范围内建立了有关文化遗产保护和开发的网络体系，直接任命地方代表进行垂直领导。作为意大利旅游工作中最高一级的管理部门，国家旅游局主要负责进行国家形象的宣传和旅游推广工作，并与文化遗产与活动部密切合作，在实行商业开发和文化遗产保护的过程中，努力使旅游活动协调文化环境。

（二）完善法律法规，切实实行"文物监督人"

在法律制度层面，《意大利宪法》第9条明确规定，"意大利共和国有责任保护国家的文化遗产、自然遗产和艺术。"同时意大利《文化和自然遗产法》中也明确规定，"未经相关部门批准，禁止以任何形式拆除、改造或修复对考古、历史和人类研究等领域有价值的文物。"除此之外，意大利还颁布了一系列法律法规，如《资助文化产业优惠法》《文化遗产与景观法典》等，用以保护文化遗产。在旅游业方面，意大利于2011年颁布了《意大利旅游法典》，用以明确国家旅游业方面的职能，并规定了旅游业、商业活动、旅游公司、旅行产品、私人及公共机构的权利和责任。"文物监督人"隶属于建筑历史环境监督局，他们通常是著名建筑师、考古学家、大学教授等专业人员，为文化遗产的旅游开发工作提供意见和建议，并负责对文化遗产的保护、修复和使用工作的监督。

（三）对意大利历史遗产进行"整体性保护"

在开发文化遗产工作中，意大利人一直秉承谨慎态度，始终坚持"所有文物和建筑除非绝对必要，宁愿只加固而不修缮，宁愿只修缮而不修复"的原则，在20世纪70年代首先提出对历史文化遗产"整体性保护"的观点，并提出"同时保护人和建筑"的概念，也就是说，在保护历史建筑遗产的同时，与之相关的生活方式和传统文化也要保护；不但要保护建筑单体，还要成片保护古建筑。其中一个经典例子就是完整保护下来的古罗马城。在新建筑的建造与古建筑的修缮方面，制定了严格的程序，用以对地面以上建筑类文化遗产进行保护，并对风格、色彩和体积提出了详细的规定，统一保持古城的文化风格。在意大利有将近1000个"法定历史中心区"，相关法律规定，建筑物外部结构的管理权为国家所有，其外貌结构不得进行随意更改。大量古代城市和村庄的原始风貌因此被保留下来。因此，"原汁原味"也是吸引游客体验意大利文化的重要原因之一。

（四）适当控制游客数量，应对过度旅游的危害

意大利以文化旅游著称，因此也面临着许多负面影响，如因大量旅游者

的涌入而造成的遗产破坏和环境恶化等问题。容量超载问题在意大利多处景点都有体现，例如威尼斯，这座每年接待2200万游客的著名水城，如今只剩下5.5万居民，在旅游旺季，圣吉米亚诺镇的游客接待量也大大超过其自身的接待能力。目前，意大利政府为了控制游客数量，已在卡普里、水城威尼斯、五渔村等一些较为热门的旅游景点实施了限制购票、在线预约和淡季引流等多种措施，以此来减少过度旅游问题对文化古迹造成的破坏。

第九章

意大利四大分区旅游资源介绍

意大利旅游景点众多，主要旅游区域分为四大区，分别是北部区域、中部区域、南部区域和撒丁岛及西西里岛区域。在本章中，将对这四大分区的旅游资源进行详细介绍。

第一节　意大利区域旅游概述

意大利北部的旅游城市有博洛尼亚、贝加莫、维罗纳、热那亚、米兰、五渔村和都灵等。其中博洛尼亚有博洛尼亚双塔、特色柱廊、海神喷泉等旅游景点；贝加莫有科莱奥尼礼拜堂等旅游胜地；维罗纳有朱丽叶故居、香草广场、维罗纳大教堂、维罗纳圆形剧场、加尔达湖等旅游胜地；热那亚有波托菲诺等旅游胜地；米兰有米兰大教堂、大教堂广场、埃马努埃莱二世长廊、科莫湖、斯福尔扎城堡、和平门、蒙特拿破仑大街、布雷拉宫美术馆等旅游胜地；五渔村有科尔尼利亚、马纳罗拉、里奥马焦雷、蒙特罗索、韦尔纳扎等旅游胜地；都灵有大教堂、夫人宫、圣卡罗广场、皇宫、都灵塔等旅游胜地。

意大利中部的旅游城市有比萨、罗马、佛罗伦萨、威尼斯等。其中比萨有比萨斜塔；罗马有万神殿、古罗马斗兽场、圣彼得大教堂、梵蒂冈博物馆、威尼斯广场、圣天使堡、君士坦丁凯旋门等风景胜地；佛罗伦萨有乌菲齐美术馆、圣母百花大教堂、乔托钟楼、佛罗伦萨美术学院、米开朗琪罗广场、皮蒂宫等旅游胜地；威尼斯有叹息桥、港口、黄金宫、彩色岛、威尼斯桥、总督宫、圣马可教堂和圣马可广场等旅游风景名地。

意大利的南部地区有阿马尔菲、苏莲托、庞贝、那不勒斯等城市。那不勒斯有卡普里岛、蓝洞、安纳卡普里、卡普里镇、朱庇特别墅、蛋堡、维苏威火山等著名景点；阿马尔菲海岸有阿马尔菲城镇、波西塔诺镇、拉韦洛城镇、苏莲托等旅游胜地；庞贝有意大利庞贝古城遗址、庞贝市场、庞贝古城公共澡堂、圆形大剧场、古物馆的人体化石、阿波罗神殿中心广场等。

意大利包括西西里岛和撒丁岛等众多岛屿，拥有悠久的历史、灿烂的文化、美丽的自然风光，每年都吸引了世界各国众多游客，旅游和观光业非常发达。在意大利不仅能欣赏到杰出的文化艺术、历史遗迹、天主教堂，还能感受到意大利人的热情。

第二节　北部区域

意大利北部有博洛尼亚、大天堂国家公园、贝加莫、维罗纳、热那亚、米兰、五渔村和都灵等著名城市和景点。

一、博洛尼亚

博洛尼亚又译为"波伦亚"，纬度位置为44°30′N，11°21′E，拥有许多城墙、塔、文艺复兴时期的宫殿、哥特式教堂等古代建筑。这里有欧洲第一所美术学院博洛尼亚美术学院和最古老的博洛尼亚大学，被誉为世界近代大学的摇篮。博洛尼亚的建筑敦实，外墙色彩是莫兰迪色调，多种鲜明的颜色组合在一起，极具历史感。在市中心，有中世纪和文艺复兴时期最大的建筑群体，一所建于公元1088年的欧洲最古老的大学——博洛尼亚大学。

（一）博洛尼亚双塔

整个博洛尼亚建筑大多保留了12至13世纪的中世纪建筑风貌，在整个旧市区来说，拉维尼亚纳门（Porta Ravegnana）广场矗立的两座斜塔最引人注目。

高的一座叫阿西内利塔，矮的叫加里森达塔。两座塔建于中世纪约1169年，是当时两家实力相当的贵族为争夺对城市的领导权而建造的，两家约定哪家的塔建得高又快，哪一家就获得领导权。结果加里森达家的塔因为基础不够牢固发生了垮塌，只剩下48米高；而阿西内利家的塔则有97米高，无意中形成了如今一高一矮相映成趣的景象。加里森达塔的倾斜度有4.0°，而著名的比萨斜塔只有3.97°；阿西内利塔则是目前意大利的第四高塔，双塔是博洛尼亚的代表性建筑。

图9-1　博洛尼亚双塔夜景

（二）特色柱廊

博洛尼亚的特色门廊（Portico）也是城市的重要组成部分之一。Portico 是博洛尼亚从中世纪遗传下来的一项建筑规定，就连形状和高度也有一定的规格，在拱门延伸下，形成了一条长约35公里的全天候行人走廊，博洛尼亚是建筑史上利用拱门作为建筑元素的最著名的地方。

这里有两座广场相连，比意大利其他城市的广场更加气派宽阔，广场周边矗立着各种建筑风格的宫殿，其中的科穆纳莱宫（Palazzo Comunale）最为宏大，宫门前有一尊教皇格雷戈里八世（Gregory Ⅷ）的塑像。

（三）海神喷泉

海神喷泉位于内图诺广场，它是1566年由法国著名雕刻家贾波罗尼亚创作的。雕塑上部是手持三叉矛的海神，高约3米。海神脚下有四名小天使正在与海豚嬉戏，最下面有四面古代徽章。这个喷泉共有90多束泉水涌出并注入最下边的巨大石盆中，当地人又称之为"巨人喷泉"。

二、大天堂国家公园

大天堂国家公园以意大利最高的山峰大帕拉迪索山（Gran Paradiso）命名。它是1920年建立的意大利第一个国家公园——主要是为保护阿尔卑斯山野山羊。徒步旅行者经常在晚春和夏天来到这个公园，在冬天，这里是越野滑雪和穿雪鞋远足的好地方。

三、贝加莫

贝加莫位于意大利北部，距离米兰很近。东西边界分别流淌着奥格立奥河和安达河，北部坐落着阿尔卑斯山脉，遥望着南部的波河平原。贝加莫意思是"山上的房屋"，来自凯尔特语"贝尔吉诺斯（berginos）"（凯尔特人心目中的山神）。

贝加莫实际上分为上下两部分，上贝加莫是中世纪的古老城市，下贝加莫则是工业化程度较高的一个现代城市。上贝加莫城中的中世纪建筑拥有的独特的巴洛克风格是吸引游客的主要因素。

科莱奥尼礼拜堂位于贝加莫旧城，礼拜堂里装饰有提埃波罗的壁画，是伦巴第文艺复兴时期的杰作。礼拜堂正面是由典雅的大理石镶嵌花纹和雕刻组成的。科莱奥尼曾是贝加莫的领主（文艺复兴时期的意大利小国领主经常作为大国的雇佣兵队长，指挥自己的军队）。

图9-2 贝加莫

四、维罗纳

维罗纳（Verona）是位于意大利北部的一座历史悠久的城市。维罗纳临近阿迪杰河，北靠阿尔卑斯山，西临经济重镇米兰，东接水城威尼斯，南通首都罗马，自古就是一个兵家必争的军事要塞，同时它也是意大利和欧洲铁路、公路相连通的主要枢纽，有"意大利的门户"之称。

维罗纳城是一座融远古文化和现代文明为一体的古城，拥有悠久的历史、旖旎的风光和美丽的传说，它是意大利最古老、最美丽和最荣耀的城市之一，拉丁语的意思为"极高雅的城市"。

（一）朱丽叶故居

朱丽叶故居位于市中心香草广场附近，曾经归维罗纳望族卡普雷提家族所有。朱丽叶故居是一幢建于13世纪的古老建筑，高墙大院，圆形拱门。步入大门后，进入院落，三面是墙垣房屋，墙上挂着青青郁郁的枝藤。

大门正面靠院墙是朱丽叶的青铜塑像，据传，手摸朱丽叶的右乳许愿，便可得到她真诚的祝福，使有情人终成眷属。院子的右边，抬头便可看到举世闻名的"朱丽叶的阳台"。阳台外面雕有简单的图案，有两扇小窗。据说罗密欧就是在这个阳台下与朱丽叶互诉衷肠，并从这个阳台爬上去与朱丽叶私定终身的。

另外，在阳台的下方有一座著名的"爱墙"，墙上密密麻麻地写满了各种语言的两个连在一起的名字，用心圈在一起，用丘比特的箭穿在一起，用各种颜色和图案装饰起来，据说在墙上把两个相爱的人的名字写在一起就可使他们的爱情天长地久。

图9-3　朱丽叶故居中的阳台

（二）香草广场

香草广场（Piazza delle Erbe）位于维罗纳市区北部，据说这里在罗马时代被称作弗洛·罗马诺，是市民进行仲裁、政治集会的公共场所。

现在的广场更像是大集市，出售鲜花水果蔬菜，广场中央的喷泉和周围的建筑都是中世纪风格。

（三）维罗纳大教堂

维罗纳大教堂是城市的主教座堂，它建于11世纪，是一座罗马式和哥特式风格结合的大教堂。教堂立面分为三个部分，由一个山形墙和两个装饰着雕塑的拱廊组成。大门上装饰着圣母抱子的浅浮雕，下方是象征着公平、慈善和希望三个优点的浮雕，门边的柱子上的雕像则是10位先知。哥特式玫瑰窗是14世纪翻修教堂时留下的，而上层的巴洛克元素则是17世纪添加的。教堂里收藏着许多文艺复兴时期的绘画，其代表是威尼斯画派的代表画家——提香（Tiziano Vecellio）的《圣母升天》。

（四）维罗纳圆形剧场

维罗纳圆形剧场（Verona Arena）在城市中心，规模巨大，剧场直径超过130米，可以容纳上万人观看；剧场建于奥古斯特王朝时期，至今保存完好，每年歌剧节还会在此处举办各种大型歌剧表演。

（五）加尔达湖

加尔达湖（Lago di Garda），是意大利面积最大的湖泊，位于威尼斯和米兰之间，坐落于阿尔卑斯山南麓，加尔达湖是在冰河时期结束时因为冰川融化而形成的。湖岸线长125公里，最深346米，湖区海拔65米。在阿尔卑斯山地区，只有日内瓦湖和康斯坦茨湖（Lake Constance）的面积超过它。加尔达湖不仅是意大利境内最大的湖泊，还是国土的最东端的湖。

温和的气候和独特的水温可以吸引游客在五月到九月来加尔达湖游泳。水中会倒映出石块和悬崖峭壁，以及东边巴尔多山的山脊和特伦托山。

加尔达湖还有很多人文景观：瓦尔特奈西史前遗迹、西勒米奥奈的罗马遗址、中世纪的城堡、斯卡里杰雷用于守卫的石块、罗马式的教区教堂、新古典主义的堂区教堂等都值得一观。

图9-4　加尔达湖

五、热那亚

热那亚（Genova）位于意大利西北部，利古里亚海热那亚湾北岸。热那亚历史悠久，曾是海洋霸主热那亚共和国的首都，2004年热那亚被选为当年的"欧洲文化首都"。同时热那亚还是著名航海家克里斯托弗·哥伦布和小提琴大师尼科罗·帕格尼尼的家乡。

灯笼塔（Torre della Lanterna）是热那亚港口的主要灯塔，也是热那亚的地标建筑，是世界上同类建筑最古老之一。它修建在圣贝尼尼奥山丘上，距离桑彼埃尔达雷纳区很近。灯笼塔高76米，海拔117米。塔身有基督教符号鱼和圣乔治十字架。

波托菲诺（Portofino）位于热那亚以南，城市建筑复古，颜色灿烂驳杂，是意大利最美丽的城镇之一。

六、米兰

米兰（Milano）是时尚之都、艺术名城，历史文化底蕴深厚，也是欧洲四大经济中心之一。米兰是阿玛尼、范思哲、普拉达、古驰等时尚品牌的总部，称得上是"奢侈时尚品牌的诞生地"。作为大型国际活动的常驻地，米兰举办过各类家具展、时尚周和设计周。米兰曾是三个帝国的首都（西罗马帝国、米兰公国和伦巴第王国），坐拥大量文化艺术作品，每年都吸引着大量海外游客观光旅游。

（一）米兰大教堂

米兰大教堂坐落于米兰市中心的大教堂广场，是米兰的标志性建筑，始建于1387年，历经500年时间才完成。教堂上共有135座大小尖塔，每个塔上都有一座雕像，雕刻和尖塔是哥特式建筑的特点之一，米兰大教堂是世界上雕像最多的哥特式教堂，共有大理石雕像6000多座。

教堂外表华丽，内部简朴。大厅长而窄，拱顶高处离地面足有45米。大厅是彩色的地砖，历时数百年鲜艳依旧，大厅的两侧有着高耸的石柱和彩色玻璃花窗，这些花窗是全世界最大的，花窗内容主要以耶稣故事为主题。

图9-5　米兰大教堂侧面

（二）大教堂广场

大教堂广场位于米兰市中心，广场随着大教堂的修建逐步发展起来，并以大教堂命名。广场中央耸立着意大利第一任国王维多利奥·埃马努埃莱二世的骑马铜像。广场周边还有埃马努埃莱二世长廊、新古典主义建筑风格的王宫、大教堂博物馆等一系列重要建筑。

（三）埃马努埃莱二世长廊

埃马努埃莱二世长廊紧邻米兰大教堂的广场，是一个带顶棚的拱廊街，名字来源于国王埃马努埃莱二世，这里被认为是欧洲非常美的商业拱廊之一。拱廊是设计师仿照巴黎古典商业拱廊而建的，两条长廊呈十字型，南北长198米，东西长105米，玻璃拱顶的走廊交汇于中部的八角形空间，上方是一个玻璃圆顶。

在米兰大教堂一侧的拱廊的地面上印着彩色、象征着意大利的团结与自信的马赛克。拱廊的很多地方都有明显的代表着意大利各个城市的图案，比如都灵的公牛、罗马的母狼、佛罗伦萨的百合、米兰的白底红十字等。拱廊里有一幅非常有名的公牛图，据说用脚跟踩着它的关键部位顺时针转三圈儿就会有幸运降临。

（四）科莫湖

科莫湖是意大利第三大湖，它位于科莫省和莱科省之间，是意大利境内最深的湖，湖的形状像一个"人"字形。这里最受欢迎的是渡轮服务，在湖泊分叉处乘坐渡轮可以看到两岸的别墅和美景。

（五）斯福尔扎城堡

斯福尔扎城堡曾是斯福尔扎家族的住所。整个城堡占地广阔，宏伟豪华，墙壁高垒峻宇，房间装饰华丽。城堡现在分别设立有古代艺术博物馆，家具博物馆，乐器和应用艺术博物馆等数个博物馆，藏品体量很大，镇馆之作是达·芬奇创作的天花板画"木板室"和米开朗琪罗在去世前数日制作的《伦达尼尼的圣母哀痛耶稣》雕刻。

（六）和平门

和平门位于斯福尔扎城堡的西北处。它建于19世纪拿破仑统治时期，曾是罗马墙的一部分。后城墙改建成为斯福尔扎城堡的一部分，和平门即单独剥离出来。

据说1807年拿破仑为了庆祝他的欧洲之战的胜利而建立这座凯旋门，但没等这门修建完成，拿破仑就在滑铁卢战役中战败。战后1826年米兰统治者费朗西斯科将凯旋门改名为"和平门"。门上方是一座手持橄榄枝、站在由六匹马拉的战车上的和平女神青铜像，墨绿色的青铜和白色的大理石交相辉映，别有一番风味。

图9-6 和平门

（七）蒙特拿破仑大街

蒙特拿破仑大街（Monte Napoleone）是米兰时尚的零售街区。蒙特拿破仑大街沿袭了罗马皇帝建造的旧城墙。在19世纪上半叶，这条街以新古典主义风格重建，道路两旁曾是米兰最高贵的宫殿，在第二次世界大战后，蒙特拿破仑大街变成了米兰的时尚圣地。

（八）布雷拉宫美术馆

布雷拉宫美术馆是意大利重要的绘画收藏地之一，它主要收藏15—18世纪的伦巴第派和威尼斯派的画作。布雷拉宫美术馆于1809年由拿破仑一世修建。

馆内藏品众多，拉斐尔的《圣母的婚礼》、曼特尼亚的《哀悼基督》、皮埃罗·德拉·弗朗西斯卡的《蒙特弗尔特罗圣坛装饰屏》、海耶兹的《吻》等都收藏于此。

七、五渔村

五渔村位于意大利西北沿岸地区，由屹立在悬崖边上的蒙特罗索镇、韦尔纳扎镇、科尔尼利亚镇、马纳罗拉镇和里奥马焦雷镇组成。

蒙特罗索位于五渔村中较北端，也是较为古老的一个小镇。小镇被分为新旧两部分，新区菲基纳（Fegina）和老城蒙特罗索（Monterosso）之间由一条地下隧道连接。蒙特罗索新区拥有五渔村中的海滩——菲基纳沙滩。沿着海滩直走穿过隧道就能看到蒙特罗索古老的渔村。

韦尔纳扎小镇依山而建，葡萄架与柠檬树众多，是五渔村中精致的小镇。它的港口一边是1318年建的圣母教堂（Chiesa di Santa Margherita），另一侧临海的岩石上是11世纪城堡的遗址，小镇的主街是罗马街。

科尔尼利亚建在沿海的山岩上，在五渔村中海拔较高，小镇内漆得五颜六色的四层楼房与岩石的灰黑色产生鲜明对比，外观别致。

马纳罗拉也是建在岩石之上，是五渔村中葡萄藤较多的一个镇，夏克特拉（sciacchetrà）是当地有名的甜品酒。从马纳罗拉到里奥马焦雷的沿海步行街被称作"爱之路"（Via dell'Amore），爱之路是连接马纳罗拉和里奥马焦雷的狭长小道，它是连通五渔村的步道中最短一段路，约一公里长。路上有一尊"现代主义"的吻像，周边的护栏上挂满了同心锁。

里奥马焦雷小镇的街两旁是各种餐馆、小卖部和纪念品商店。火车站的另一侧就是里奥马焦雷的小码头，码头两侧的山上建满了五颜六色的高矮楼房，从码头沿着小路往南走，可以到福索拉海滩。

图9-7 五渔村夜景

八、都灵

都灵（Città di Torino）是意大利第三大城市、历史悠久，文化底蕴深厚，拥有众多的美术馆、教堂、宫殿等人文景观特色。都灵以它的巴洛克风格、洛可可风格和新古典主义法式建筑而举世闻名。

（一）大教堂

教堂建于1498年，因其内保存有基督教的圣物"耶稣的裹尸布"而闻名。"耶稣的裹尸布"是一块亚麻布，布上有耶稣全身影像，尽管梵蒂冈从来没有宣布过裹尸布是可信的，但它还是被当作基督教的一个特殊物件来收藏和敬仰。最早发现这块布的是法国人。1356年尸布首次被公开，顿时引起整个基督世界的震动，因为布上的人影不仅容貌酷似传说中的基督，且还有血迹。后来在宗教学者的研究之下，认定这块布是耶稣死于十字架之后，用来包裹其尸体的，因而留下了耶稣的身影。裹尸布最早出现在中东，几经辗转才最终流至意大利，由于这块布是基督教的圣物，意大利将之视为国宝。

（二）夫人宫

夫人宫是以中世纪城堡为基础改建的，建筑的两面新旧风格鲜明，背面棕色砖石结构的城堡样式保留了下来，面向城堡广场的正面被装饰成白色巴洛克风格。在1848—1864年间夫人宫曾作为意大利的议会大厦，如今是都灵市古代艺术博物馆（Museo Civico di Arte Antica）。

（三）圣卡罗广场

圣卡罗广场位于都灵市中心，周边建筑都是巴洛克风格，装饰富丽，分层叠檐，被称为"都灵的画室"。

圣克里斯蒂纳教堂和圣卡洛教堂在广场的南端。圣克里斯蒂纳教堂的正面显示出巴洛克风格，由尤瓦拉在18世纪早期为其设计了顶部的装饰性雕塑，但其实这两座教堂均始建于17世纪30年代。

广场中央矗立着由马罗凯蒂创作的埃马努埃莱·菲利贝托的骑马雕像，是这个城市的象征。广场角落里还有描绘圣尸衣的壁画，时髦的圣费德里科购物廊位于广场的西北角。

图9-8　圣卡罗广场

（四）皇宫

萨沃伊住宅及建筑群曾是王室最喜欢的活动地，被当作官邸，用作狩猎设施，现已被列为联合国教科文组织认定的世界文化遗产，皇宫作为其中最重要的建筑，历史上曾被多次修复，现在是图书馆兼博物馆。

（五）都灵塔

由安东内利设计的尖塔建筑，建于1863—1889年，是经典的新古典主义风格，是都灵的标志建筑。都灵塔高167.5米，曾是世界上最高的建筑，如今是国家电影博物馆。

第三节　中部区域

意大利中部有比萨、罗马、佛罗伦萨、威尼斯等城市。

一、比萨

比萨（Pisa）是意大利中部托斯卡纳大区的城市，位于佛罗伦萨西北方向，比萨曾作为海上共和国，起到连结东西方重要的纽带作用，后随着陆地面积的增加，变成了内陆城市，但因为其辉煌的历史和独特的建筑艺术，比萨已成为著名的旅游城市。

比萨有著名的比萨斜塔，始建于1173年8月—1350年，工程中断了两次，历经约二百年才完工。现在比萨塔的倾斜度为3.99度，并保持每年约0.1厘米的速度继续倾斜。

二、罗马

罗马是意大利共和国的首都和最大的城市，也是全国政治、经济、文化和交通中心，有2500余年历史，是世界著名的历史文化名城，也是古罗马帝国的发祥地，因建城历史悠久而被称为"永恒之城"。

图9-9　比萨斜塔建筑群

罗马是全世界天主教会的中心，有700多座教堂与修道院，7所天主教大学，市内的梵蒂冈是天主教教皇和教廷的驻地。罗马与佛罗伦萨同为意大利文艺复兴中心，现今仍保存有相当丰富的文艺复兴与巴洛克风貌。

罗马由于地处地中海沿岸，是典型的地中海气候，每年4月至6月气候最为宜人；8月的日最高气温可以超过32℃，罗马以前的传统是8月份会停止许多商业活动，罗马人习惯在夏日离开炎热的城市出去避暑度假，但这种习俗正在慢慢被改变，整个夏季罗马市仍旧正常运作，以便迎合日益增加的游客需求和罗马人自己工作习惯的改变。

（一）万神殿

万神殿是古罗马保存完好的建筑，距今已有2000多年的历史，艺术家拉斐尔、罗马皇帝维托里奥·埃马努埃莱二世和温布尔一世等都长眠于此。

万神殿是奥古斯都时期的经典建筑，可以称得上是古罗马建筑技术的典范，曾被米开朗琪罗赞叹为"天使的设计"。

万神殿（Pantheon）的Pan是指全部，theon是神的意思，指供奉罗马全部的神。在公元608年它被献给教会作为圣母的祭堂，是罗马时代独创的建筑物中保存得最好的。

万神殿位于罗马市中心，前庭的罗通达广场有一个竖立着尖顶方碑的喷水池，方碑基座雕有古罗马神话场景。万神殿主体建筑结构简洁，是一个宽高相等的巨大圆柱体，上面覆盖着半圆形的穹顶，四周一圈围绕着诸神雕塑，顶部有一个直径8.9米的采光点，光线从顶部倾泻，并随着太阳位置的移动而改变光线的角度。

万神殿正面有16根圆柱，是典型的古希腊建筑，殿堂内部比例协调，高度相等，约43米，圆顶的基座距地面高度一半的地方开始建起，到了殿顶，圆形曲线继续向下延伸，形成一个完整的球体与地相接。这一套建筑表现出古罗马的建筑师们高深的建筑知识和计算方法。

（二）古罗马斗兽场

罗马斗兽场是罗马的地标性建筑。这里曾是角斗士搏斗、死囚与野兽相搏的地方。

罗马斗兽场竣工于公元80年，随着罗马帝国的衰落，斗兽场逐渐被遗弃，变得杂草丛生。之后斗兽场遭受多次地震并损坏，成为建筑商们的石料和大理石取材地。现在呈现在人们面前的斗兽场只剩残缺的骨架。

整个斗兽场的外墙由石灰石砌成，每层都有80个拱门（vormitori），可以使观众迅速入场并落座。二三楼的凹陷处曾放满大理石雕像。墙的顶端点缀着窗户和细长的科林斯壁柱，有240根墙柱用以支撑覆盖在斗兽场上方的帆布篷。

整个斗兽场的内部被分为三部分：竞技场、观众席和指挥台。竞技场（arena）内有一层被沙子覆盖的木地板，既可以防止角斗士们摔倒，又能吸收角斗士受伤流下的鲜血。竞技场内可以放水淹没进行模拟海战。场上的活板门可以通往地下室和竞技场下面的通道。笼子里等待搏斗的动物被一个滑轮装置抬起并运送到竞技场内。

观众就座的观众席（cavea）分为三层：骑士们坐在下面一层，富有市民坐在中间，平民坐在上面一层。看台内的坡度很大，通道宽敞使各个看台的观众都能很清楚地看清表演。

指挥台（podium）是观众席和竞技场间的宽阔阶地，专为君主、议员和重要人物预留。目前斗兽场的三、四层大部分已经坍塌，高处的墙用小窗户装饰。

图9-10 罗马斗兽场内部

（三）圣彼得大教堂

这座建于公元5世纪的教堂式建筑，由米开朗琪罗亲自为罗马教皇尤利乌斯二世设计的，正面是一座高大耸立的雕像，是这座建筑最具标志性的特色。由于当时的财务困境和教皇的心意变化，直接迫使米开朗琪罗放弃了他余下的雕刻计划。

（四）梵蒂冈博物馆

这个博物馆曾是世界上最小的国家博物馆。博物馆原是罗马教皇的宫廷，后来改造成为梵蒂冈国家博物馆。博物馆面积虽然不大，里面的藏品却十分丰富且有价值。馆内以收藏艺术品为主，大部分是文艺复兴时期留下的艺术精品，米开朗琪罗创作的《创世纪》和《最后的审判》都藏于此。

（五）威尼斯广场

威尼斯广场位于罗马市中心，俯视视角下的平面形状是长方形，威尼斯广场的正面绰号叫"结婚蛋糕""打字机"，是由白色大理石建造的新古典主义建筑——维克多·埃曼纽尔二世纪念堂。广场的弧形立面由16根圆柱形成，台阶右边的象征第勒尼安海，左边的象征亚得里亚海，中央骑马的人物塑像就是完成了意大利统一大业的维克多·埃曼纽尔二世。建筑物上面有两座巨大的青铜雕像，右边的代表"热爱祖国的胜利"，左边代表的是"劳动的胜利"。

（六）圣天使堡

圣天使堡原本是为哈德良皇帝建造的家族墓园，后在公元6世纪改建为教皇堡垒，据说公元590年，教皇格利高里在此堡上空看见天使，后将其命名为圣天使堡。

圣天使堡位于台伯河畔，古罗马地区的西端，有数条桥可通往台伯河西岸，其中有一条通往圣天使堡的桥梁（Ponte Santa Angelo），由乔凡尼·洛伦佐·贝尼尼设计。圣天使堡曾被当作监狱和教皇宫殿，现在它是博物馆。

（七）君士坦丁凯旋门

君士坦丁凯旋门是为了纪念君士坦丁大帝击败马克森提皇帝而建，它是罗马城中仅存的三座凯旋门座之一。

君士坦丁凯旋门长25.7米，宽7.4米，高21米，拥有3个拱门，上方的雕塑精美绝伦。

凯旋门上方的八块浮雕板是从奥理略皇帝纪念碑上拆卸而来，现原件已被珍藏在罗马首都博物馆。浮雕板的主要内容是记载历代帝王的功勋伟绩。每根圆柱顶端的达基亚囚犯大理石雕像来自图拉真广场。

据说，当年拿破仑来到罗马，见到了这座凯旋门大为赞赏，之后以此为蓝本，打造了巴黎凯旋门。

图9-11　仰视凯旋门

三、佛罗伦萨

英语Florence，意大利语Firenze，德语Florenz，意大利语直译为"百花之城"，佛罗伦萨的市花以及标志是紫色鸢尾花。以前曾被译作"翡冷翠"（"翡冷翠"由现代著名诗人徐志摩首译）。

佛罗伦萨（Firenze）曾为1865—1871年意大利王国统一后的临时首都。在15—16世纪曾是名扬四海的艺术中心。佛罗伦萨国际当代艺术双年展与威尼斯双年展、米兰三年展并称意大利三大艺术展。

佛罗伦萨不仅是家喻户晓的艺术之都，也是欧洲文艺复兴运动的发源地，多数游客来到佛罗伦萨就是为了畅游这个文化旅游胜地。

佛罗伦萨是连接意大利北部与南部铁路、公路网的交通枢纽，阿尔诺河横贯市内，两岸跨有7座桥梁。市区仍保持古罗马时期的格局，全市有40多个博物馆和美术馆，乌菲齐美术馆和皮提美术馆举世闻名，意大利绘画精华荟萃于此。

（一）乌菲齐美术馆

乌菲齐宫是世界上最古老的画廊，收藏着许多文艺复兴时期的作品。它曾经是美第奇家族的事务所，文艺复兴时期这里聚集了美第奇家族财力的全部艺术作品。

美术馆分为二层和三层。二层是列奥纳尔德、米开朗琪罗等人的素描及版画的展室。三层是绘画馆，三段走廊之间有 45 个展室。

（二）圣母百花大教堂

该教堂是天主教佛罗伦萨总教区的主教座堂，由大教堂、钟塔与洗礼堂构成。洗礼堂位于大教堂西边数米，为白色八角形罗曼式建筑。钟塔高85米，属哥特式建筑，由六层方形结构向上堆叠成柱形，外墙铺白色大理石。

（三）乔托钟楼

是意大利天才艺术家欧洲绘画之父乔托的杰作，钟楼高84.7米，是由红白绿大理石砌成，其中有很多精致的雕塑，整个外形细长优雅，色调和对面的洗礼堂相得益彰。

（四）佛罗伦萨美术学院

佛罗伦萨美术学院是世界美术最高学府，首任院长为杰出艺术家、文学家瓦萨里。1785年成为国立美术学院，被誉为"世界美术学院之母""四大美术学院之首"。

（五）米开朗琪罗广场

位于城市东南的小山上，广场中央安放着米开朗琪罗《大卫》的复制品。黄昏时分可从广场上眺望佛罗伦萨老城区的房子和圣母百花大教堂的圆顶。

（六）皮蒂宫

典型的佛罗伦萨文艺复兴时代建筑，宫殿内部装饰为经典的17—18世纪巴洛克风格，包括帕拉蒂纳绘画馆、银器博物馆、近代绘画馆、服装博物馆、陶器博物馆、音乐厅等。

四、威尼斯

威尼斯（Venice）是意大利著名的旅游城市，被称作"亚得里亚海明珠"。威尼斯市区涵盖意大利东北部亚得里亚海沿岸的威尼斯潟湖的118个人工岛屿和邻近一个人工半岛，有117条水道纵横交叉。

威尼斯的建筑、绘画、雕塑、歌剧等在世界有着极其重要的地位和影响。威尼斯有"因水而生，因水而美，因水而兴"的美誉，享有"水城""水上都市""百岛城"等美称。莎士比亚的文学巨著《威尼斯商人》记述的就是发生在这里的故事。

（一）叹息桥

叹息桥是架在总督宫通往监狱的小河上的一座拱桥，像一个密封的房屋，仅靠水一侧有两个小窗，死囚在行刑前通过此桥从小窗由内向外望，感叹即将结束的人生，得名为"叹息桥"。电影《情定日落桥》就在此处取景，因此叹息桥也被人称作"日落桥"。

（二）港口

威尼斯港位于意大利东北沿海的一个小岛上，濒临威尼斯湾的西岸，包括马格拉港在内，是意大利北部的主要港口之一。

（三）黄金宫

威尼斯最大的哥特式建筑，以整齐的排布和独特的金色闻名遐迩。宫殿外表被漆成金黄色，在阳光下十分耀眼。这座宫殿又名法兰盖提美术馆，馆内收藏有多位威尼斯派画家的佳作。

图9-12 叹息桥

（四）彩色岛

这个小岛被称为威尼斯的"童话小岛"。岛上没有特别的景点，吸引人的是小岛上的房屋都被漆成了各种绚丽的色彩，艺术家们用色大胆，把这座小岛打造成了一座童话的世界。

（五）威尼斯桥

威尼斯有400多座桥，这些桥的造型千姿百态，风格各异。有的如游龙，有的似飞虹，有的庄重，有的小巧。其中最著名的是雷雅托桥，桥长48米，宽22米，造型为单孔拱桥，用大理石砌成，建于1592年前后。桥上建有很多店铺，销售各种纪念品和当地特产，比如玻璃器皿、玻璃首饰、狂欢节彩色面具等。

威尼斯市内任何车辆都不能进入，城内所有的交通工具都是船。威尼斯特有的交通工具是一种古老的游船——"贡多拉（Gondola）"，船身狭长，首尾翘起，非常适合在狭窄的水巷中行驶。

（六）总督宫

总督宫（Palazzo Ducale），是以前威尼斯最高行政官总督的官邸。宫殿最早建于公元9世纪，是14—15世纪的哥特式杰出作品。的卡尔门（Porta della Carta）译名"纸门"，进入总督宫内院，可以看见15世纪建造的巨人阶梯，立着海神和战神的巨大雕像，1485年起，总督就在此处加冕。

宫内还有一处"金梯"（因两侧涂金的墙壁而得名）通往总督的居室。宫内包括委员会厅、候客厅、四门厅、议会厅、十人厅和大会议厅等，每个厅都用油画、壁画和大理石雕刻来装饰，其中有一幅被誉为世界最大的油画作品《天堂》（取材于但丁的《神曲》），长22米，宽7米，有700多个人物，气势宏大，占据大议会厅东面的整个墙壁。

（七）圣马可教堂和圣马可广场

圣马可广场和圣马可教堂是威尼斯最出名的景点。圣马可大教堂因耶稣门徒圣马可而得名：圣马可是《新约·马可福音》的作者，公元67年在埃及殉难。公元828年，两位威尼斯的富商在当时总督的授意下，成功地把圣马可的干尸从亚历山大港偷出来，运回威尼斯，存放在圣马可大教堂的大祭坛下。从此，圣马可成了威尼斯的保护神，他的标志是一只带翼的狮子。

圣马可大教堂始建于公元829年，重建于公元1043—1071年，它曾是中世纪欧洲最大的教堂，也是威尼斯建筑艺术的经典之作。

圣马可大教堂融合了东、西方的建筑特色，它原为一座拜占庭式建筑，在15世纪加入了哥特式的装饰，如尖拱门等；又在17世纪加入了文艺复兴时期的装饰，如栏杆等；大教堂正面的装饰是拜占庭的风格，而整座教堂的结构呈现出希腊式的十字形设计。圣马可教堂内部有一幅在墙壁上用石子和碎瓷镶嵌而成的马赛克壁画，在教堂大门顶上正中部分，雕有四匹金色的奔驰着的骏马。

圣马可广场形状近似于梯形，东西长约170米，东宽80米，西宽55米，占地辽阔。入口处有两根高大的圆柱，东侧的圆柱上雕刻着一只展翅的青铜狮，它是威尼斯的飞狮城徽。飞狮的左前爪扶着一本圣书，上面用拉丁文写着天主教的圣谕："我的使者马可，你在那里安息吧！"圣马可广场一直是威尼斯的政治、宗教和传统节日的公共活动中心。

第四节　南部区域

意大利的南部地区有那不勒斯、阿马尔菲、苏莲托和庞贝等城市。

一、那不勒斯

那不勒斯（又译纳波利、拿坡里；意大利语：Napoli；那不勒斯语：Nàpule；英语：Naples）是意大利南部的第一大城市，那不勒斯都会区是仅次于米兰和罗马的意大利第三大都会区，也是欧洲第十五大都会区。

那不勒斯始于公元前600年，拥有2500多年的历史。该市为古希腊人所创建，后来，罗马人、诺曼人和西班牙人都在该市留下了自己的印记，那不勒斯也曾经是波旁王朝统治的两西西里王国的首都。

那不勒斯历史悠久，风光美丽，文物众多，颇具魅力，是地中海最著名的风景区之一。它被人们称颂为"阳光和快乐之城"。

（一）卡普里岛

卡普里岛位于那不勒斯湾南部入海口附近，与苏莲托（Sorrento）半岛相望。这座小岛是地中海风情景观的缩影，海洋辽阔、植被茂盛、精致的建筑风格、古老的罗马遗址等都让它成为意大利较受欢迎的度假胜地之一，每年的6月—9月是卡普里岛的旅游旺季。

（二）蓝洞

　　卡普里分为东边的卡普里（Capri）和西边的安纳卡普里（Anacapri）两个部分。闻名的蓝洞（Grotta Azzurra）位于安纳卡普里，它被誉为世界七大奇景之一，蓝洞的洞口在悬崖下的海面上，洞口很小，宽度只有2米，但洞里很宽敞。在晴朗的日子里，阳光照进洞，经过海水和海沙的折射，洞底显得一片蔚蓝，故被称之为蓝洞。

图9-13　蓝洞

（三）安纳卡普里

　　安纳卡普里小镇的主街有很多纪念品店，以瓷器饰物为主，登上索拉罗山可以俯瞰整个卡普里岛。安纳卡普里还有全意大利第二高的灯塔蓬塔卡雷纳。

（四）卡普里镇

　　卡普里镇充满了精巧别致的建筑，像玩具小镇，这里有翁贝托一世广场和奥古斯丁花园，在奥古斯丁花园的左侧是情人石，相传这情人石原本是相爱的恋人，因无法恋爱而跳入海中殉情，之后就成了这相依相偎的石头。

（五）朱庇特别墅

位于卡普里镇东边的朱庇特别墅（Villa Jovis）是卡普里岛上12栋罗马别墅中较大而且较富丽堂皇的一栋，这里曾是罗马皇帝提比略（Tiberio）在卡普里岛的主要住所。别墅后的楼梯可以直达330米高的提比略悬崖，据说皇帝在这里把旧爱抛入大海。

（六）蛋堡

蛋堡（Castel dell'Ovo）又被称为奥沃城堡，它是罗马贵族卢库勒斯建造的别墅，传说古罗马有一位叫维吉尔的诗人，是一个具有强大法力的男巫师，他将一颗鸡蛋秘密地藏放在整个城堡建筑的支撑点上。如果鸡蛋破碎，城堡就将变成废墟，继而城市也会面临大的灾难，由此这座城堡也被人们称为"魔蛋城堡"。

蛋堡位于梅加里德斯岛，是那不勒斯城里最古老的城堡，公元前1世纪开始修建，公元492年开始扩建，至今保存完好。

（七）维苏威火山

维苏威是一座位于亚平宁半岛的活火山，由亚欧板块和非洲板块相互碰撞而成，曾经在公元79年大喷发时摧毁了庞贝古城，目前处于休眠状态。这座火山曾经喷发过很多次，它是世界上危险的火山之一。

二、阿马尔菲海岸和阿马尔菲城镇

阿马尔菲海岸在那不勒斯的南部，占地面积宽阔。阿马尔菲海岸西起波西塔诺，东至维耶特利苏玛雷（意为：海上维耶特利）。阿马尔菲海岸沿岸的城镇建立于公元4世纪。历史上阿马尔菲城是主教教廷，后来成为商业中心。

阿马尔菲海岸的狭长地带漂亮且形式多样，以其崎岖的地形、美景、城镇的独特和多样性，被联合国教科文组织列为世界遗产。

（一）阿马尔菲海岸

阿马尔菲海岸地区是西西里、阿拉伯与诺曼底风格建筑的完美混合体。小城的建筑在很大程度上保持了它的中世纪风格与边界。阿马尔菲海岸的众多小城镇组成了一个典型的中世纪居民点的博物馆，这里的建筑与周围的环境完美地融合。

（二）阿马尔菲城镇

阿马尔菲现在是阿马尔菲海岸上的主要城镇，并与其他邻近城镇一起成为重要的旅游景点。据考古发掘，这一地区从旧石器时代就有人类生存，而且在古罗马时代已经有很多建筑沿着海岸建立起来，并在第三世纪人口逐渐稠密。在第四世纪哥特人入侵之后，意大利半岛的居民开始往南部地区迁移并定居在后来以阿马尔菲海岸地区知名的地区。这座建有防御工程的城市在公元596年曾为主教教廷所在地。

（三）波西塔诺镇

波西塔诺位于阿马尔菲海岸，20世纪50年代，诺贝尔文学奖得主约翰斯坦贝克的游记《波西塔诺深深噬咬》将波西塔诺推向了世人的眼中。之后，田纳西·威廉姆斯、毕加索、伊丽莎白·泰勒、索菲亚·罗兰、那不勒斯亲王等多个名流前来在此安置。波西塔诺镇有多处著名设计师设计的风情各异的豪宅别墅。

（四）拉韦洛城镇

拉韦洛城镇地处阿马尔菲海岸，是一个热门的旅游胜地。公元893年至1200年间，拉韦洛曾是一个重要的贸易中心。从公元1086年到1603年，拉韦洛曾经是主教驻地，此后主教座堂迁往斯卡拉。该镇曾是艺术家、音乐家和作家的聚集地，包括理查德·瓦格纳、毛瑞特斯·柯奈利斯·艾雪、乔万尼·薄伽丘、弗吉尼亚·伍尔芙、戈尔·维达尔等。

图9-14　波西塔诺

三、苏莲托

苏莲托（Sorrento）位于苏莲托半岛的尽头，与意大利南部中心城市那不勒斯只有不到20公里的距离。半岛呈弧形，伸入蔚蓝色的地中海，远处是曾经埋葬了庞贝古城的维苏威火山。

苏莲托盛产柠檬，出品的柠檬甜酒（lemon cello）最为正宗和著名。苏莲托在夏季作为海水浴场，冬季作为避寒胜地。萨勒诺公园可俯瞰海水浴场、远眺维苏威火山和普罗奇达岛轮廓的风景。在特拉诺巴博物馆内收藏有在这里出生的诗人塔索的遗物、考古学上的物品等。

四、庞贝

庞贝古城（Pompeii）是亚平宁半岛西南角坎帕尼亚地区的一座古城，距罗马约240千米，位于意大利南部那不勒斯附近，在维苏威火山东南脚下

10千米处。

庞贝古城在公元79年的维苏威火山爆发中被淹埋，4~6米高的火山灰将古城埋没，直到1748年，当地原住民在古城遗址附近发现了一些遗物，庞贝古城才开始被发掘。火山灰完整保留了两千多年前庞贝人的建筑、街道和部分生活物品，为考古学者和来自世界各地的游客重现了公元前1世纪罗马帝国城市的生活情景。

古城城墙高立，东西南北方各置一面城门，城内街道纵横交错。庞贝在公元79年人口就超过2.5万人，城市美丽富饶，人口众多。古城中的中心是市政广场，广场周围环绕着许多建筑，如神庙、剧院、大会堂、浴场、商场等。街道两旁有商业店铺，连接着居民住宅，功能规划清晰。

阿波罗神殿中心广场（也被称为公共广场）曾经是庞贝的政治、经济、宗教中心，现在广场上的方形会堂还残留着一些砖砌的圆柱底座，这个会堂曾是庞贝古城里面的最高建筑，里面设有法院和市政厅。

庞贝城里的圆形大剧场在庞贝古城最东端，可容纳近2万人，这里主要用来角斗和体育赛事，圆剧场外的围墙上绘有狩猎、竞技的墙画。

除建筑外，庞贝古城还有一种特殊的展品，即在火山爆发时遇难的人，他们被火山灰包裹，身体腐朽得只剩空壳，考古学家把石膏注入空壳、做成铸像，向世人展示庞贝古城当时的惨状。

第五节　西西里岛及撒丁岛

一、西西里岛

西西里岛地处地中海中部，是地中海最大的岛屿，它具有典型的地中海气候特征，表现为冬季温暖潮湿，夏季干燥温暖，最高气温可达48℃。因为它在地图上的独特的形状，所以你能够很容易找到它的位置。西西里岛幅员辽阔、资源丰富，其蜿蜒曲折的海岸两边不仅风景秀丽，而且遍布诱人的果园，如橘园、柠檬园和橄榄园，因此也被人们称为"金盆地"。

作为意大利南部的"珍珠"之一，大自然似乎给了这片土地所有的奇迹：山脉、丘陵，最重要的是，地中海令人难以置信的色彩、晶莹剔透的海水和美丽的海床。如果你去了意大利而没有到访西西里，那这将成为你一生的憾事，因为只有在西西里这座地中海最大的岛屿上才能找到意大利美的源泉。历史上，西西里岛前后被希腊人、阿拉伯人、西班牙人等攻占过，这使它具有了多样的文化底蕴。正因为如此，西西里岛这块巧妙的土地，才能凭借其得天独厚的自然环境和底蕴浓郁的文化氛围吸引无数人在这里居住：古罗马人、拜占庭人、阿拉伯人、诺曼人、施瓦本人、西班牙人等。他们的文化也在这里得到了发展。

去西西里岛旅游的最佳时间是4—5月和9—11月之间，著名的景点包括圣约翰教堂、王室山、阿格里真托、埃特纳火山等。意大利西西里岛地域辽阔，其中有三处地点是最值得一去的，也是游览西西里岛的必看景点，即巴勒莫、阿格里真托和陶尔米纳。

巴勒莫是西西里岛最大的城市，被誉为世界上最美丽的海角，这座城市位于一个相对险峻的地方，零星的房间建在半山腰上。其主要景点集中在火车站西北部地区，两条主要街道向北延伸，东临罗马街，西至马克达街。伊曼纽尔大道从四角向西延伸，通向两个最重要的景点：大教堂和宫殿。这里的历史建筑虽然没有金碧辉煌、引以为豪的外观，但已经与巴勒莫的公园绿地和城市广场融为一体，一点也不突兀，因此也是意大利西西里岛最好的旅游景点之一。

阿格里真托被誉为地球上最美丽的城市。经过漫长的岁月这里虽然失去了昔日的繁华，但它已经变得更加的平静和温和，并且有很多值得参观的景点。例如最重要的神殿之谷，距离市中心和火车站大约3公里，而餐馆和购物区距离火车站广场旁边的斜坡不远，你可以在这两个区域之间步行。当然，也可以坐公交车，只有10分钟的车程。在阿格里真托以南7公里处，有一个圣利奥海滩，颇受当地人欢迎，人们可以在那里游泳和进行其他水上活动，每逢夏天这里游人众多，像波涛汹涌的潮水一般。

陶尔米纳是一座中世纪城镇，被保存得接近完好，一边是悬崖，一边面向大海。这座城市建在层层岩石上，形成了将其与上面的蓝天和下面的大海连接起来的巍然屹立的气势。若是到了晚上，远远望去，它的灯光与天空中的星星完全相连，让人分不清天上是什么，人间是什么。如果你能把购物和日光浴放在一边，这里也有美丽的小景点。陶尔米纳最吸引人的地方是一座完美的马蹄形剧院，剧院的气势壮观宏伟并且有着独特的魅力，城镇上的许多艺术活动都在此举办。如每年夏季7月至9月的陶尔米纳艺术节，吸引了来自世界各地的游客来到小镇。古老的遗迹和宜人的夏夜为这座小镇提供了迷人的背景。

图9-15　巴勒莫

以上三处就是意大利西西里岛旅游最佳观光地，当然西西里岛还有很多旅游景点，例如，欧洲最大、最活跃的火山埃特纳火山，最神秘的赛杰斯塔，电影《西西里的美丽传说》的拍摄地锡拉库萨等，西西里岛的美景宁静而美丽，绝对值得你来这里旅行。

二、撒丁岛

撒丁岛位于地中海中部，是意大利西部的一座岛屿，曾经被称为萨丁尼亚，它幅员辽阔、与世隔绝。撒丁岛有着独特的意大利文化，是欧洲最古老的地区之一。公元前227年，撒丁岛成为古罗马帝国的一个省。许多年之后，这块土地遭到其他国家的占领。到了14世纪，撒丁岛成为埃比利亚（今西班牙）的一部分，在其400年的统治期间，撒丁岛吸收了大量的西班牙文化，这就是为什么撒丁岛会成为西班牙国王最喜欢的帆船胜地。

今天，虽然撒丁岛地区只包括了撒丁岛这一个岛屿，但是它拥有美丽的海岸线、独立的礁石、长长的沙滩和洞穴，是欣赏海边风光的绝佳之处。在环绕整个撒丁岛的海岸线上，北部的斯梅达拉海岸线绝对是亮丽的。撒丁岛是一个美丽而淡泊的天堂之地，若你想去这里旅游，不用考虑哪个季节，一年四季皆宜。

撒丁岛首府卡利亚里是意大利的一个自治区。它的地理位置优越，曾被腓尼基人、迦太基人和罗马人占领。卡利亚里有着丰富的文化生活，这与卡利亚里人热情好客的性格有很大关系。只要你走在卡利亚里的街头小巷上，都能感受到浓郁的欧洲古老国度的文化氛围。卡利亚里人最喜欢的消遣是去酒吧或隐蔽的露天咖啡馆。卡利亚里虽是古老的地区，但他们对神秘而悠远的中国文化非常向往，对中国人民格外热情友好。除此之外，卡利亚里还以服装设计和皮具闻名。在卡利亚里最著名的购物街里可以找到世界各地的名牌，每年圣诞节后，所有商店都会提供折扣以此吸引来自世界各地的游客。这里还遍布一些景点，如卡利亚里老城、圣宾格斯塔和大象塔，以及卡利亚里罗马圆形剧场的遗址等。

阿尔盖罗小镇位于意大利撒丁岛西海岸，萨萨里以西30公里处。其人口主要是来自巴塞罗那和巴伦西亚的加泰罗尼亚移民。这个位于西海岸的五颜六色的小镇有着独特的西班牙风格，加泰罗尼亚的语言和文化让这个小镇更像一个西班牙城市。阿尔盖罗老城靠近海边，老城墙便临海耸立。老城狭窄的街道和港湾地区非常美丽，值得参观的是圣米凯莱教堂和圣方济各教堂。抬头看向教堂顶部，你会发现它们都是用五颜六色的瓷砖建成的。城外礁滩上著名的海王岩洞也值得一看。

戈洛里泽海滩位于撒丁岛南部，这是一个小海滩，有柔软的沙滩和石灰岩悬崖。这个美丽的海滩称得上该地区最上镜的目的地之一，游客可以乘坐汽车和轮船前往。不过，那些计划参观戈洛里泽的人应该知道，从最近的公路步行到海滩大约需要90分钟！热衷于浮潜和旅游的申请者可以携带浮潜设备，清澈透明的海水使这里成为撒丁岛最好的浮潜海滩之一，该海滩在1995年被联合国教科文组织列为遗址。

值得一提的是，撒丁岛西部西尼斯半岛的池塘和湿地是许多鸟类的家园，也包括曾经很受欢迎的网络名鸟——粉色火烈鸟。所以如果你到岛上旅游，不妨去感受一下这一大片"粉色少女心"，还可以去撒丁岛的圣欧拉利亚教堂和考古博物馆看看，你可以观赏到14世纪哥特式建筑风格的教堂和许多珍贵的文物。行走在街道上，低头可看到罗马时期的道路，但它们大都是在教堂翻修时发现的。走到楼上，你可以看到丰富的宗教艺术品、手工艺品，看着这些珍品，相信你会非常惊讶。

图9-16　撒丁岛的火烈鸟

第十章

意大利经典旅游线路

　　意大利是欧洲文化的摇篮，这里既诞生了文艺复兴运动，又曾孕育了灿烂的古罗马文化。这个古老的欧洲国度处处都是古老文明的遗作，也彰显着其卓越而辉煌的历史，同时这个国家充满了自然奇观，在它的许多地区都可以找到世界上最迷人的风景。意大利南北狭长，地形和气候各异，饮食文化和赛事节庆也是多种多样。来到意大利旅行，无论是为了观赏不可胜举的建筑遗产以及博物馆里著名的绘画和雕塑，还是为了感受意大利人民的热情和浪漫，都不会感到厌倦，它似乎永远充满魅力。

第一节　文化历史线路

　　意大利有一条非常经典的从中部到北部的文化历史线路，即罗马—佛罗伦萨—威尼斯—米兰。因为在罗马有许多古罗马遗址，可以将思绪带回几千年前；在佛罗伦萨，可以更多地接触到文艺复兴时期的事物；在威尼斯，可以感受到它的工商业发展；在米兰这个现代化的大都市，品味意大利传统文化与当代艺术的激情碰撞。这样一条线走下来，仿佛也沿着历史的长河感受了一遍，很有意思。

一、罗马

人们一想到意大利这个文明古国，就会立刻联想到历史上曾经赫赫有名的古罗马帝国。它拥有历史悠久的庞贝古城，闻名于世的比萨斜塔和古罗马斗兽场以及象征性景点万神庙，这些都让罗马"永恒之城"的名号名副其实。

二、佛罗伦萨

佛罗伦萨是意大利中部的一座城市，也是托斯卡纳区首府。佛罗伦萨位于亚平宁山脉西麓，在15世纪到16世纪成为欧洲最著名的艺术中心，以其美术工艺品和纺织品而闻名。佛罗伦萨作为欧洲文艺复兴起源之地，培育了众多家喻户晓的艺术家，如达·芬奇、米开朗琪罗、伽利略等，这一个个如雷贯耳的名字都与这座古城有着千丝万缕的联系，更彰显了这座城市的浪漫和人文气息。它还是举世闻名的文化旅游胜地，每年都吸引着无数游客的到来。佛罗伦萨气候特征鲜明，夏季干燥，冬季多雨，一年四季都充满了魅力，任何时候来此观光都会感到非常愉快。每年7、8月份为旅游旺季，灿烂阳光照耀下的佛罗伦萨是最美丽的。

在佛罗伦萨，著名的历史建筑除了圣母百花大教堂，还有乌菲齐美术馆和但丁故居。

乌菲齐美术馆兴建于1560年，曾经用来作为佛罗伦萨公国政务厅办公室。由于办公室在意大利语中发音为乌菲齐，于是便成了美术馆的名称。在世界所有美术馆中，乌菲齐以其丰富的意大利文艺复兴绘画作品收藏而独具特色。它是意大利最大的美术馆，收藏品达2500件之多，在这里不仅可以欣赏到意大利最著名的文艺复兴时期的绘画作品，同时也可欣赏到来自西班牙、德国、荷兰等国家的名画。

但丁故居的位置虽然十分隐蔽，但也给它增添了神秘的色彩。它的建筑风格古朴而破旧，与周围其他建筑相比显得有些格格不入，经过漫长的岁月，墙面上的石砖依然清晰可见。展室简陋而陈旧，展品以图片和文字资料为主，其中最吸引人的是由羊皮纸装订成的《新生》《宴会》《神曲》等但丁诗作的手稿。在但丁故居的墙壁上零零散散挂着几幅油画，其中最引人注目的是亨利·豪里达的《但丁与贝特丽丝邂逅》。在故居二楼展室的玻璃柜台里，还有1302年3月佛罗伦萨法庭对但丁的判决书，就是这纸判决书使但丁开始了20年的流亡生活。

图10-1　但丁故居

三、威尼斯

穿梭威尼斯，体验水城魅力。黄昏时节乘上贡多拉平底船在运河上穿过一座座充满故事的桥，听船夫唱着忧郁的民歌，眺望壮丽的建筑群，这一切都充满浪漫的情调。叹息桥、雷雅托桥、圣马可广场和圣马可大教堂等都是威尼斯著名的历史建筑。其中，雷雅托桥是架设在威尼斯大运河中央的桥梁，其历史可以追溯到13世纪，它曾是大运河上唯一的桥梁。在最初的设计中，雷雅托桥是木制的掀起式桥，后来改为吊桥。其附近是交易盛行之地，各类小铺、摊贩云集，桥上有许多出售纪念品的小店。由白色大理石建造的桥梁外观优雅典美，桥梁整体成为威尼斯一道亮眼的风景，也是摄影爱好者的打卡之地。

四、米兰

来到米兰不仅能够享受购物的愉快，而且能欣赏到独特的景色。这里汇集了几乎意大利所有知名品牌的旗舰店，此外还有大量充满个性的精致服装和饰品。登上米兰大教堂欣赏屋顶奇景，到访圣西罗球场看一场激情澎湃的球赛，米兰可谓魅力十足。其中，圣西罗球场是世界顶尖的足球圣殿之一，距米兰市中心仅6公里，这里除了作为AC米兰和国际米兰共有的主场，同时也举办了无数次世界顶级的足球赛事。值得一提的是，尽管为了纪念球星梅阿查，球场已经于1980年被官方命名为朱塞佩–梅阿查球场，但AC米兰的球迷依旧将其亲切地称为圣西罗。

第二节　自然风景线路

在意大利的许多地区都有着令人惊叹的自然景观，古老的遗址、毗邻悬崖的村庄和绵亘不绝的葡萄园与自然环境完美结合，这些使意大利成为欣赏艺术和风景名胜的一个极具吸引力的地方，也让它充满了魅力。从北往南穿过这个美丽国度，可以欣赏最美丽的自然风光。这里为大家推荐几条线路。

一、线路名称：畅游阿马尔菲海岸

阿马尔菲海岸，西起索伦托半岛南侧的波西塔诺，东至滨海维耶特里，以崎岖的地形、优美的风景、拥有多样文化的城镇而著称。这里不光有唯美绚丽的南欧风景，更有底蕴丰富的人文气息。这里拥有世界上无与伦比的美景、海湾、岩石和隐匿在山中的小村庄，是必打卡的网红景点。海岸狭长地带漂亮且形式多样，是名列前茅的文化景观之一，也是意大利最壮观的海岸线之一。全长近50公里的海岸线上，连接着长长的美景和几十个美丽的小镇。小镇依山而建，层次分明的彩色房子与大海相对，形成独特的风景线。将风景秀丽的索伦托（Sorrento）定为起点站，沿着它蜿蜒绵长的海岸线出发，经过几个小时的车程还能看到维苏威火山和卡普里岛。索伦托是高尔基于1924—1927年的居住地，同时也是文艺复兴时期最后一位大诗人塔索的故乡。

图10-2　索伦托

之后经过最上镜的小镇波西塔诺，波西塔诺在山地到海边的斜坡上延伸着自己美丽的城镇，被山与海环抱在怀中。深邃的蔚蓝大海、起伏变化的地形、温暖宜人的气候，还有极具地中海风格的白色石灰岩建筑都令人印象深刻。粉色的九重葛、淡淡的紫罗兰尽情地绽放着，闪耀着的美丽光芒填满了建筑物之间的缝隙。徐徐的海风迎面吹来，让人身心舒畅。波西塔诺就是如此的魅力无穷，旅游旺季的时候游客们总是会蜂拥而至。

沿山路下去，你会看到弗罗瑞峡谷。深邃的弗罗瑞峡谷让人看了不禁感叹大自然的鬼斧神工。之后抵达世界顶级度假胜地阿马尔菲小镇，告别阿马尔菲镇，沿着海岸线继续向萨莱诺前进，很快就会抵达诗人作家最爱的避暑胜地拉维罗小镇，这里还有一个特别漂亮的19世纪花园——卢福罗别墅。最后你将抵达滨海小镇维耶特里，红色的房子与湛蓝色的海天形成鲜明的对比，这条风景线路将为你的旅行画上永不褪色的彩色句号。

二、线路名称："滑行"阿尔卑斯山脉

提到阿尔卑斯山大家总会想到法国、德国等地方，那里的雪山一座连着一座，冰雪融成清澈的河流与湖泊，像是世上最美的天堂，但很多人不知道意大利也同样拥有大片的阿尔卑斯山区。阿尔卑斯山区的覆盖范围比较大，其每一侧蕴涵的文化氛围各不相同。不可置否的是，意大利阿尔卑斯山区是十分美丽的，混有一丝丝日耳曼风情，最耀眼的便是多洛米蒂山。

多洛米蒂山是阿尔卑斯山东部靠近奥地利边境的一座丛山，主山峰有托法那山、兑里斯塔洛山、苏拉比斯山等。多洛米蒂山区山峰林立，绿树掩映的簇簇村庄被紧紧地环绕在山峰的怀抱中。驾车行驶在山间，看着两侧的风景，造化之神奇的感觉油然而生，目光远眺，不时还能看到山坡上正在吃草的牛羊。这里处处是美景，例如布莱埃斯湖，被峥嵘起伏的群山包围，深绿静谧的湖水倒映奇伟的群山，美景令人动容，随手一拍就能得到比杂志封面还美的照片。

冬日的阿尔卑斯山上，洁白的积雪银光耀眼，冰川绵延千里，银白色的山坡陡斜壮观，无疑是滑雪的最佳场所，也是冬季运动比赛的热门场地。举世闻名的滑雪胜地——圣莫里茨高山滑雪场就位于阿尔卑斯山脉地带，是高山滑雪的胜地，这里曾经举办过两届冬奥会。也有海拔超过3000米的高山滑道，让你能够化身为飞翔在冰雪世界里的雪域雄鹰。

但你不知道的是，在多洛米蒂山区的DOLOMITI SUPERSKI，有全世界著名的大型滑雪区域。这个滑雪场一共分成12个区，总滑道数158，总缆车数450，总滑道长度约1200公里，3000台人工造雪设备、23个跨镇滑雪中心、举办过很多重要赛事。同时设有7所滑雪学校，约2800名专业人员，包括高

山向导、导游、滑雪教练。多洛米蒂山区既有适合初学者的滑雪道，也有更具挑战性的黑色滑雪道，同时也设立了其他丰富的雪上项目，如马拉雪橇、雪鞋徒步等。

意大利北部多洛米蒂山区是一片安静祥和的土地，同时也已成为欧洲滑雪度假胜地，在这里，你会感受到自然和文明的完美结合。

三、线路名称：享受多洛米蒂徒步之旅

作为闻名遐迩的旅游胜地，多洛米蒂每年都会吸引成千上万的游客来此观光。这里山峦壮丽，还有无数条山间徒步路线，对于徒步爱好者来说，这里绝对是最值得来的地方。科尔蒂纳丹佩佐作为多洛米蒂街道上最大的观光景点，以这里为首有许多可选的郊游徒步路线，可介绍一条受欢迎的路线：绕三山峰一周，所需时间大约4小时30分钟，一周大约10公里。

三山峰是多洛米蒂群山的杰出代表，那极具阳刚的形态和气质是大自然力量的写照。作为白云岩山峰的典型代表，三山峰（Tre Cime）是深受资深风光摄影师喜爱的场景。徒步在三山峰下，仿佛行走在群山的怀抱当中，在感叹大自然的伟大的同时，还可以留下最具代表性的风光照。

环绕三山峰（Tre Cime di Lavaredo，意大利语译为"三座山峰"，海拔2999米）一周、时间可达4.5个小时的旅游线路，在多洛米蒂山的徒步之旅中这个线路非常受欢迎，因为在这条线路上能欣赏到多样的动植物以及富于变化的美丽景色。巴士从多洛米蒂的汽车总站（海拔2298米）出来后，经过美丽的米歇利纳湖，到达奥龙佐小屋附近的停车场。这里值得一提的是群山环抱中的米歇利纳湖，它位于海拔1700多米的山间盆地，湖的面积并不大，环湖一周也只有2.6公里，且湖水并不深，最深仅有5米。在周围奇峰异石的环抱中，正是一汪碧水波光粼粼，山峰耸立白雪皑皑，蓝天白云衬托下，湖面静谧得像面镜子，湖水清澈见底，雪峰的倒影令人迷醉，恍若隔世。人们形容米歇利纳湖是多洛米蒂的"珍珠"，而周围环抱着湖水的奇峰恰似守护着这颗珍珠宝贝的卫士，威武雄壮。关于米歇利纳湖有个凄美的神话传说：有位名叫Misurina的公主，自幼刁蛮任性，是国王Sorapiss的掌上明珠。由于公主一心想得到女巫的魔镜，国王与女巫做交易，不惜让自己化身山石，以

换得魔镜，令心爱的女儿得以满足。而米苏里娜公主虽然得到魔镜，但看到爱自己的父亲化成了大山，追悔莫及，痛哭不已，她的泪水聚成了Misurina湖，永远陪伴在父亲的脚下。

回归正题，从这里开始环绕三座山峰的徒步之旅。途中的小湖畔中的水都是翡翠色的，湖面非常平静，好像要将山峰劈开似的，米歇利纳山非常险峻，令人看后心惊胆战。对于初次徒步旅行的人来说这里还算是比较好走的路线了，看到从大地上突起的三山峰的景色以及克里斯塔洛等3000多米的山峰上的美丽景色，会让人感到非常满足。多洛米蒂一年四季风景如画，春季这里到处可见色彩鲜艳的山花和绿草地；盛夏时节，这里微风不燥，夜晚繁星作伴；秋季山林又换上"金装"，呈现出不一样的魅力；冬季这里白雪覆盖，给人以壮丽之美。不过对于想要在这里进行徒步旅行的人来说最好的季节莫过于春季和秋季，此时这里的景致最美，你不仅能通过徒步得到身心上的放松还可以欣赏到山区迷人的景色。

第三节　美食购物线路

意大利菜素有"西餐之母"的美称，享誉世界，意式本土的烹饪手法和风味吸引了大量游客，同时，意大利有非常多令人心向往之的购物因子，这里是购物的"天堂"，有很多精致的小店和各种特色商品。美食购物旅游线路让你在品尝各种意大利美食的同时还能尽情购买各种心仪的商品。美食购物线路设计：米兰—威尼斯—佛罗伦萨—罗马—那不勒斯。

一、米兰

（一）推荐餐馆

1.品红酒吧

毗邻感恩圣母堂，酒吧周围林立着古朴的百货店、面包房和小酒馆，洋溢着浓郁的怀旧氛围和旧日米兰的优雅气氛。品红酒吧内自由风格的圆弧装饰充满了20世纪初的怀旧情调，在这里就餐，恍惚之间令人仿佛回到了20世纪初。

2. 佩克食品店

地处Via Spadari大街的佩克食品店位于一幢自由艺术风格的大厦内，是一家包罗万象的精致食品店，一层的美食区售卖各种生鲜蔬果、奶酪、橄榄油和调味料；夹层是酒窖区，拥有意大利各地的葡萄酒佳酿上万瓶，二层是咖啡厅、面包房、冰激凌店，适合游客休闲小憩。

3. 圣艾格咖啡小酒馆

位于毗邻米兰艺术学院的布列拉路上，受到米兰当地年轻人的欢迎，白天在圣艾格咖啡小酒馆内经常可以看到打扮入时的人们在这里用餐或商谈事情，带有浓郁的商务休闲氛围。而夜幕降临后，这里就会变成年轻人伴随着音乐旋律畅饮啤酒、狂欢庆祝的酒馆。

（二）购物

1. 米兰黄金四角区

蒙提拿破仑街（Via Montenapoleone），史皮卡大道（Via della Spiga），圣安德烈街（Vias Andrea），以及鲍格斯皮索（Borgospesso）四条街组成了意大利著名的购物黄金四角区。它们就像围城一样形成了四四方方的一圈，这是来到米兰绝对不可错过的顶级时尚区，世界各大顶级奢侈品牌专卖店都能在这里找到，比如Gucci、Louis Vuitton、Prada、Armani，Fendi，Hermès等。

2. 维托里奥·埃马努埃莱二世拱廊

位于米兰大教堂的北边，1865年由曼哥尼Giuseppe Mengoni 设计，建成于1877年，距今已有一百余年的历史，拱廊呈拉丁十字形，是一座钢架构玻璃拱顶建筑，这处拱廊开创了大型商业街使用玻璃拱顶的先河，不论刮风下雨，都不会影响来自世界各地游客观光购物的热情。维托里奥·埃马努埃莱二世拱廊被称作"米兰的客厅"，是世界著名奢侈品聚集地，是米兰现在的商业中心和时尚中心，道路两旁遍布各种咖啡馆、餐馆、书店、汉堡店、精品店、唱片行、书店等。

二、威尼斯

（一）推荐餐馆

1.旧驿站老餐馆

毗邻鱼市的旧驿站是一幢建于16世纪的历史悠久的建筑，位于其中的旧驿站老餐馆据说是威尼斯最古老的餐馆之一。旧驿站老餐馆内以金色和红色展现出威尼斯共和国时期的经典风格，夏季在紧邻水道的中庭用餐更能感受威尼斯的独有魅力，而冬季时餐馆内大厅的壁炉则会燃起熊熊火焰，带给人温暖的同时也让人感受到古老的意式风情。

2.哈利酒吧（Harry's Bar）

创办于1931年，创办之初就受到附近居民的欢迎，后又因海明威而声名大噪，当时居住在威尼斯的大文豪海明威在打猎之余也会经常来到这间酒吧喝上一杯。店内最受欢迎的是酸酸甜甜的Bellini开胃酒，吸引了很多游客前往品尝。

（二）必尝美食

1.柠檬土豆酥饼

柠檬土豆酥饼是一种以土豆为主要材料，通过油炸制作而成的威尼斯的特色美食。这种美食在威尼斯的知名度非常高，不论是在酒吧，还是街边的小餐馆，甚至是高档的星级饭店中，都能看到这种美食的身影。

2.扇贝螃蟹沙拉

作为水上城市的威尼斯，有着丰富的海产品，比如鱼、虾、蟹，扇贝螃蟹沙拉就是威尼斯人就地取材的一道美味，口味鲜美。

3.茄汁烩肉饭

威尼斯的茄汁烩肉饭非常美味，在街头小餐馆就可以品尝到，通常以鸡肉为烩肉原料，也有一些餐馆以牛肉为原料，美味可口，色香味俱全，在威尼斯，这是一道很受欢迎的菜品。

4.醋渍沙丁鱼

醋渍沙丁鱼是最能体现威尼斯特色的菜肴之一，深受威尼斯人的喜爱，但是菜如其名，这道特色美食是酸的，很多人第一次尝试的时候都非常不适应。但是，这道菜富含丰富的蛋白质，有很高的营养价值。

5.墨鱼汁意大利面

威尼斯墨鱼面最为正宗，非常鲜美，每一口都是大海的味道。墨鱼汁在地中海国家深受喜爱，是天然的美味酱汁，加上美味的意大利面，成为一道充满海洋风味的美食。

（三）购物

1.玻璃工艺品

威尼斯的玻璃制造业有着近千年的历史，制作精美，慕拉诺（Murano）是威尼斯的玻璃工业中心，根据文献记载，慕拉诺玻璃制作的历史起码可推到一千多年前，真正迈入成熟时期则是在13世纪。这里所生产的玻璃制品就称为"慕拉诺玻璃"，它以优美繁荣的古典装饰风格、精细卓绝的手工制作工艺闻名于世。

2.威尼斯狂欢节面具

威尼斯的面具文化在欧洲文明中独具一格，历史悠久，已经深深融入威尼斯人民的日常生活之中，威尼斯面具有很多不同的种类，被赋予不同的内涵，是威尼斯狂欢节的象征，是非常值得购买的纪念品。

三、佛罗伦萨

（一）推荐餐馆

1.Il Latini餐厅

Il Latini餐厅的T骨牛排（Bistecca alla Fiorentina）深受当地人和游客喜爱，食材选用托斯卡纳地区著名的奇亚纳牛肉，涂满盐、胡椒、橄榄油，用木炭烤制而成，以柔嫩多汁的口感著称。一般烤至三分熟，外层焦黄香脆，内里呈粉红色，并带有血水，最大程度保证原汁原味。

2.中央广场小吃摊Nerbone

牛肚包是佛罗伦萨的特色小吃，中央市场（Mercato Centrale）是当地最大的美食市场，可以买到各类香肠和奶酪等，位于中央市场的小吃摊

Nerbone的牛肚包（Panino Con Lampredotto）非常出名，摊前吃客络绎不绝。

3.Trattoria Mario餐厅

这间创立于1953年的餐厅见证了佛罗伦萨的历史，坐落于中央市场旁的小巷内，在1966年的阿诺河洪水泛滥中幸存下来，厨艺如今已传承到第二代的手中，T骨牛排、牛肉意面、红酒烩牛肉都是该餐厅的招牌菜，Trattoria Mario餐厅是为当地居民和游客提供美味地道的佛罗伦萨家庭料理的最佳去处。

4.Caffe Rivoire咖啡馆

Caffe Rivoire坐落于佛罗伦萨艺术广场上，这里曾汇聚了众多的名流雅士，受到意大利国王和众多贵族的喜爱。坐在室外的露天座上，就可以欣赏广场上众多精美的雕塑，而且这家百年老店至今保留着服务员身着绅士感西装的传统，店内的咖啡和提拉米苏受到很多游客的喜爱。

（二）购物

1.新圣母玛丽亚教堂香料药草药房

早在13世纪，新圣母玛利亚教堂中的多明尼哥教士就开始种植各种药草来制作药膏或乳霜，1612年教堂开始对外营业，迄今已有近800年的历史。现今药房内经营的许多商品配方依旧是根据当时流传下来的配方所制成，据说这里调配的香水可以舒缓神经，蜂蜜水可以帮助消化。历史悠久的新圣母玛丽亚教堂香料药草药房店内装潢颇具古典风格，舒缓的古典音乐与精致高雅的商品包装都带给人们舒适的购物感受。

2.Via dei Calzaiuoli步行街

卡尔查依欧利路（Via dei Calzaiuoli）步行街，连接西纳里亚和百花大教堂，被称作"步行者的天堂"，店铺星罗棋布，是一个不可错过的购物圣地。

四、罗马

（一）推荐餐馆

1.路卡提诺

路卡提诺号称"越台伯河区最古老的小酒馆"，四周环境非常优越，邻接着著名的Via della Lungaretta石板路。餐厅以鲜明的黄色系为主，加上各式酒瓶为背景，用火腿、锅盆以及酒瓶点缀出一片平易近人的农村世界。这里提供的各种菜式也都是意大利人经常吃的家常菜，因此受到外国游客的欢迎，同样也有很多当地居民经常光顾。

2.Pizzeria da Bffetto比萨店

毗邻纳沃纳广场，号称罗马最好吃的比萨店，和意大利大多数比萨店一样，由于传统比萨的面皮发酵需要一整天的时间，这些店家大多都在晚上营业。这家店一向以物美价廉而为人们所称道，这里的比萨饼都是传统的罗马薄皮型，是用古老的烧柴的火炉烤制而成，因此在香气四溢的饼中还带有一丝淡淡的木炭香味。

3.Andrea海鲜老店

创立于1928年，拥有百年历史，已经传承了三代人，是罗马颇为有名的海鲜料理店，位于罗马最高雅的Via Veneto巷道内，Andrea吸引了各地慕名而来的观光客来店内享用海鲜意大利面等各式海鲜料理。

4.Giolitti冰淇淋店

创立于1900年，是一家已经经营了一百多年的老字号冰淇淋店，在整个意大利都声名远播，店内的雪糕品种多样，既有延续了一百多年的古老口味，也有适合当下年轻人喜好的新潮味道，男女老少到这里都能买到自己心仪的雪糕，深受世界各地游客和当地居民的喜爱。

5.Antico Caffe Greco咖啡馆

创立于1760年，是一家历史悠久、充满文艺气息的古典咖啡馆，有许多著名的艺术家、文学家都曾是这家咖啡店的顾客。店内的布置颇具古典艺术感，摆放了很多大理石雕塑和精美油画，是一家绝对不可错过的古典风情咖啡馆。

6.Papa Giovanni餐厅

意大利著名餐厅之一，曾经多次入选意大利十大餐厅，以美酒和松露料理而闻名，这里的大厨最擅长用松露做菜，菜肴色香味俱佳，同时，餐厅还有三座地下酒窖，珍藏了许多珍贵美酒。来到这里，除了可以品尝美味佳肴，可以尽情享用由松露烹调的美食，还可以点一杯香醇的美酒，惬意地享受罗马生活。

7.Checchino Dal 1887餐厅

开业于17世纪，是一家历史悠久且已经传承了好几代人的餐馆。曾经只不过是一家位于屠宰市场旁的小小酒店，那些屠夫们下班以后通常都会到这里来喝上一杯。不过自1887年开始，这里进行了一次大规模的改造，并且开始供应各种菜肴，名气也慢慢响亮起来，逐渐发展到今天。小牛肠贝壳粉、甜面包、内脏和洋蓟牛杂都是这里的招牌菜式，餐馆内的美味料理和各种珍藏的红酒吸引了很多本地居民或国外游客光顾这家餐厅。

（二）购物

1.鲜花广场

鲜花广场（Campo dei Fiori）是罗马的一个长方形广场，毗邻纳沃纳广场。1600年2月17日，被视为异端分子的布鲁诺修士就是在这里被处以火刑，后来人们为了纪念他，1887年在广场中央为他竖立了铜像。自从1869年以后，此处每天早晨都开辟为蔬菜和鱼类市场，还有各种卖鱼肉、花卉和蔬菜的商店，以及酒吧和咖啡屋，这里是体现罗马民生的小角落。

2.西班牙广场周围商圈

包括Via dei Condotti（孔多弟街）、Via Frattina、Via delle Vite和Via Borgognona几条街，大牌云集之地，分布有Gucci、Tiffany等多家奢侈品店，这几条街是买奢侈品大牌的好地方，而且售卖的都是各个名牌当前最流行的款式。其中孔多弟街因为用水道（Conduits）将水引入万神殿附近的阿格利伯浴池而命名，从街上可以观看整个西班牙阶梯。

五、那不勒斯

（一）必尝美食

比萨是来到那不勒斯最不能错过的美食，意大利那不勒斯的传统比萨饼入选世界非物质遗产名录。有关专家学者一致认为，如今全世界每天焙制的几百万个比萨，都是大约200年前由意大利那不勒斯的面包师傅首创的，那不勒斯被称为比萨饼的故乡。那不勒斯有很多非常好吃的比萨店，例如，Da

Michele百年比萨老店：这里的比萨被称作最正宗的那不勒斯比萨；Di Matteo比萨店：百年不变的传统比萨制作手艺；Brandi比萨店：诞生于1780年，这里的比萨深受女王玛格丽特的喜爱。

（二）购物

翁贝托一世拱廊是那不勒斯市内最著名的购物区，面对主干道托雷多大街。这里和米兰的维托里奥·埃马努埃莱二世拱廊十分类似，顶上用巨大的玻璃穹顶覆盖起来，两侧是用大理石建成的传统风格建筑，看起来就好像一座水晶宫殿，也被当地人称为"玻璃宫"。在这里购物有一种身处画廊中的感觉，好像连买卖商品也成了优雅的享受。

第四节　赛事节庆线路

意大利差不多有几千个节日，除了公共节日外还有极具地方特色的地方性节日，有广为人知的威尼斯狂欢节，也有隐藏在小城镇中极具意大利传统风情的特色节日。在意大利的各种赛事节庆中更能感受当地的风土人情，更能感受纯正的意大利文化。

一、2月份

（一）伊夫雷亚：橙子大战

伊夫雷亚的"橙子大战"已有数百年历史，源自12世纪，在每年的2月份举行，传说是为纪念小镇胜利反抗压迫、饥饿和暴政。每年这个时候总会吸引来自世界各地数以千计的游客，参赛者被分为不同的队伍，用橙子相互投击，"大战"结束后数天，小镇仍会沉浸在橙子的香甜气味中。

（二）西西里岛阿格里真托：杏花节

杏花节在每年二月份的第一个星期天开始举行活动，杏花节表达了当地居民对春天的赞美，阳台上装饰着鲜花，人们穿着五颜六色的服装，你可以欣赏到来自世界各地的民间音乐，节日期间供应以杏仁和杏仁酱制成的传统西西里甜食，还可以观赏到西西里车队游行和烟花表演。

（三）威尼斯城：威尼斯狂欢节

威尼斯狂欢节是当今世界上历史最久、规模最大的狂欢节之一，节日从2月初到3月初之间到来的四旬斋的前一天开始，延续大约两周的时间。威尼斯狂欢节最大的特点是它的面具，其次是它的华丽服饰。如果你也想加入狂欢的队伍，到威尼斯的商店里，挑个喜欢的面具或长袍打扮一番，同时还可留作纪念。

二、4月份

每年春分后的第一个星期天就是复活节，复活节的日子不是固定的，大致在3月22日至4月25日之间。每到这个节日大家都能看到意大利举国欢庆，其中佛罗伦萨的节日仪式是规模最大的，游行从公元6世纪一直持续到了今天。节日的所有环节中最特别的就是大弥撒，非常多的机械鸽子从祭坛飞来，它们击中马车，马车就变成了一个旋转的金字塔形烟火，场面非常壮观。

三、5月份

（一）阿西西：春会

春会从5月的第一个周四开始，为期3天，主要是歌颂春天的再度到来，人们极尽巧思地表现春天、赞美春天，并且准备了各种竞赛项目。第一天阿西西市长会把市钥交给主持仪式的司仪，竞赛结果的最高荣誉"锦标"也会升起高挂于广场上；第二天的活动比较轻松，是"春天女神"的选拔；第三天晚上则会在广场举办韵文诗吟唱大赛，不用乐器伴奏，这些古老的歌谣仿佛把阿西西推回中世纪意大利第一位韵文诗人圣方济的歌声中。

（二）古比奥：烛光赛跑

节日从5月第一个周日开始，人们分成三组，每组都抬着一个cero（巨型木柱，象征着举世无双的圣徒），身着中世纪服装快速走过古比奥大街，是为了纪念这个城市的守护神圣乌巴尔多。

（三）锡拉库萨：希腊戏剧节

戏剧节在每年5月中旬至6月中旬举办，由国际戏剧公司在地中海现存最古老的剧院之一的希腊剧院上演希腊戏剧。每年这个节日都吸引了意大利各地最优秀的表演者，在锡拉库萨观看戏剧表演立刻带你穿越回古希腊时代。

四、6月份

（一）全国性节日：国庆节

意大利的国庆节为每年的6月2日，是为了纪念1946年6月2日意大利人以全民投票的方式，正式废除君主制实行共和制。当国庆节到来时，罗马的帝国大道上将会举行盛大的阅兵仪式，这是意大利国庆节最重要的庆祝仪式。其他大多数城市也会组织节日游行，小城镇会在广场上开展音乐会、合唱国歌等庆祝活动。

（二）佛罗伦萨：历史足球赛

历史足球赛是意大利传统体育活动，每逢5月的第一个星期天以及6月24日和28日举行。流行于佛罗伦萨，已有数百年历史，运动员在鼓乐伴奏下，穿过欢呼的人群走向桑塔–克罗切广场。比赛按传统习惯分为白、蓝、红、绿四队，代表历史上这个城市的四个区。

（三）斯佩罗：斯佩罗花节

花节定于每年6月，这时的斯佩罗就成为花的海洋。这个传统可回溯到好几个世纪以前，为了向该城的"圣体"表示敬意，这一天，所有主要街道和广场上都会铺满由各种干花拼接成的花毯，这些花毯全是为仪式巡游者踏足而用。花毯色彩丰富，非常漂亮。除此之外，斯佩罗的居民们会用美丽的鲜花装饰阳台，并评比出一年一度的最佳花饰奖。

（四）米兰：拉丁嘉年华会

米兰的拉丁嘉年华会在每年6月22日至7月30日举行，这个节日非常有夏天的气息，从1990年开始到现在，一年比一年热闹。拉丁嘉年华的活动非常多，每晚都有精彩节目，活动内容有音乐会、文化展、电影、书籍、Disco舞等，有来自墨西哥、古巴、巴西等国的乐团演奏现代摇滚拉丁乐，也有拉丁爵士、传统乐，更有意大利乐手和各国乐团的合作表演，还可以品尝到墨西哥、阿根廷、古巴等国的传统美食，另外还有冰淇淋、咖啡、点心等供人们食用。

五、7月份

（一）锡耶纳：赛马节

锡耶纳在每年的7月2日和8月16日举行两场赛马比赛，节日起源可追溯至公元1200年，最初是为了纪念城市保护圣母玛利亚的祭祀活动。比赛之前居民区派出身着15世纪各色服饰的近百人组成队伍从位于市区的大教堂广场出发游行，正式比赛会有10名赛马手带着他们的爱马汇集在小镇的田野广场参加比赛，参赛的马匹和骑士都会穿着不同颜色的服装来代表锡耶纳的不同街区，比赛结束的当晚，获胜队会举行盛大的庆祝活动。

（二）佩鲁贾：翁布里亚爵士乐节

7月的第二周举办的翁布里亚爵士乐节，是意大利最重要的爵士乐活动，吸引了来自世界各地的顶级音乐人，各个音乐家演绎着来自不同地域风格的爵士乐，佩鲁贾成了成千上万音乐爱好者的汇合点。

（三）威尼斯：救世主节

每年的7月第三个周六周日的救世主节，是威尼斯最主要的节日之一，救世主节最早可追溯至16世纪，当时，威尼斯刚刚经历过黑死病的浩劫，将每年7月的第3个星期日定为朝圣日，以纪念从瘟疫的恐惧和痛苦中解脱。威尼斯救世主节的标志是盛大的焰火表演，街道各处热闹非凡。

六、8月份

（一）罗马：八月节

八月节为每年8月15日，是意大利的全国性节日。八月节期间，要举办盛大的八月节舞会，有许多精彩绝伦的舞蹈表演，如探戈、摇滚、嘻哈、朋克等。八月节时的意大利各地都在举行打水仗、焰火表演等，其中，罗马城的人民广场（Piazza del Popolo）是八月节庆祝活动的核心场所。

（二）佩萨罗：罗西尼歌剧节

每年8月中旬，都会在罗西尼歌剧院举办一年一次的罗西尼歌剧节。罗西尼剧院（Teatro Rossini）位于马尔凯大区的佩萨罗（Pesaro），建于1854年，而佩萨罗是意大利作曲家焦阿基诺·罗西尼的出生地，从1980年开始，这里每年都举办一届罗西尼歌剧节。

（三）威尼斯：威尼斯电影节

威尼斯电影节在每年8月末至9月初举行，普通游客也可以参加，还有机会见到喜欢的明星。威尼斯电影节是世界上第一个国际电影节，创立于1932年，被誉为"国际电影节之父"，与戛纳国际电影节、柏林国际电影节并称为欧洲三大国际电影节。

七、9月份

（一）威尼斯：威尼斯赛舟节

赛舟节定于每年9月份的第一个周日，船在威尼斯有着非常重要的地位，赛舟节第一次正式的竞渡赛是在1315年，有着悠久的历史。赛舟节期间，各种漂亮的小船都聚集在威尼斯大运河上，威尼斯贡多拉船的船夫和其他专业级划手开展比赛，威尼斯大运河上热闹非凡。

（二）罗马：维泰博护城神节

在维泰博城，有一位名为罗萨的少女为保卫自己的城市做出了贡献，当地居民为了表达对她的崇敬与怀念之情，每年为她举行纪念活动，并将9月3日定为护城神节。节日期间，当地居民会身着各式各样的民族服饰，举着彩旗，在街道上游行，游行队伍规模很大，政府官员、群众代表、少年儿童都会加入游行队伍中，现场气氛十分热烈，人山人海，热闹非凡。游行队伍中有一支一百多人组成的抬塔队伍，这座夜明塔是为纪念罗萨而专门设计的，塔顶是少女罗萨的雕像。

八、10月份

（一）马里诺：葡萄酒节

葡萄酒节定于每年10月的第一个星期日。马里诺是意大利葡萄酒产区之一，每年的葡萄酒节，马里诺中央广场的一座喷泉喷涌而出的不是水而是葡萄酒，人们围聚在这里，等待品尝美味的葡萄酒，场面热闹非凡，每年都会吸引很多游客前来观赏。

（二）佩鲁贾：欧洲巧克力节

佩鲁贾以生产巧克力而闻名，被称为"巧克力之城"，每年的十月都会举办巧克力节，节日期间，街道上会有巧克力雕塑，人们不仅能品尝到各种

美味的巧克力，还能参与巧克力相关的休闲活动，吸引了世界各地的巧克力
爱好者。

（三）阿尔巴：松露节

在阿尔巴这个小镇，每年10月初至11月中旬，都会举办松露节（Truffle
Festival），很多名人都曾慕名而来，一年一度的阿尔巴松露节吸引着众多游
客，节日期间还会举办松露拍卖会，创造美食界一次次的拍卖奇迹。此外，
阿尔巴松露节不仅仅展出松露，还展出很多当地的土产，如红酒、腊肠、奶
酪及其他各种土特产，为松露美食节增添色彩。

第五节　运动休闲线路

意大利有很多适合运动的地方，首先能想到的就是滑雪，意大利境内有
阿尔卑斯山，为人们提供了绝佳的运动场地，沿阿尔卑斯山脉分布着非常多
的高级滑雪场，吸引了很多滑雪爱好者。此外，意大利地处欧洲南部地中海
北岸，风景如画，除滑雪外还有其他很多受人喜爱的运动项目。运动休闲线
路设计：科尔蒂纳丹佩佐—伦巴第大区科莫湖—加尔达湖—佩萨罗—西西
里岛。

一、科尔蒂纳丹佩佐：滑雪

科尔蒂纳丹佩佐位于阿尔卑斯山最美山区的多洛米蒂山区，是著名的冬
季运动中心。早在1897年，这里就举行过滑雪比赛。这座小镇还将与米兰联
合举办2026年冬季奥运会。科尔蒂纳丹佩佐有着悠久的滑雪历史，滑雪设施
完善，有不同等级、不同难度的滑雪场，共有约120公里的滑雪道，是世界
著名的滑雪胜地之一，吸引了大量的冰雪运动爱好者。

二、伦巴第大区：科莫湖林荫路远足

科莫湖是意大利北部阿尔卑斯山区著名湖泊之一，是闻名遐迩的休闲度假胜地，科莫湖风景如画，被人称为"人间仙境""世外桃源"，壮丽的景色令许多游客沉迷，沿着科莫湖西岸步行，边走边欣赏大自然壮丽的风景，身心都得到了充分放松，令人心旷神怡。

三、加尔达湖：水上帆船

加尔达湖（Lago di Garda），是意大利面积最大的湖泊，在威尼斯和米兰之间，坐落于阿尔卑斯山南麓，在冰河时期结束时因为冰川融化而形成。得天独厚的地理环境，孕育了受人欢迎的水上帆船运动。加尔达湖有着良好的海滩和港口，是帆船爱好者的天堂，是人们在意大利进行水上运动的首选地之一。

四、佩萨罗：骑行

佩萨罗设有Bicipolitana（遵照地铁设计格式创建的自行车车道），自行车车道代替了地铁铁轨，自行车代替了火车，为骑行创造了良好的环境。意大利生活节奏慢，骑着一辆自行车穿梭在佩萨罗的大街小巷，悠闲自在，十分惬意。佩萨罗是一座港口城市，位于风景如画的亚得里亚海湾里，在这座城市可以欣赏到绝佳的地中海风貌，以及充满古罗马风情的建筑。

五、西西里岛：攀岩

西西里岛圣维托洛卡波是意大利攀岩运动的绝佳去处，圣维托洛卡波半岛的石灰岩山崖吸引了众多攀岩爱好者，同时，这里美丽的海景令人沉醉。此外，可以在Zingaro自然保护区中远足，欣赏美丽的大海，或是在圣维托街头体验西西里咖啡文化。

参考文献

[1]本书编委会. 意大利[M]. 北京：中国地图出版社，2016.

[2]林玉绪.意大利旅游攻略[M].北京：人民邮电出版社，2016.

[3]利明.探寻意大利[M].广州：广东旅游出版社，2020.

[4]《畅游意大利》编辑部.畅游意大利[M].北京：华夏出版社，2020.

[5]英国DK公司.目击者旅游指南：意大利[M].潘天慧译.北京：中国旅游出版社，2015.

[6]金良浚.意大利[M].北京：旅游教育出版社，2003.

[7]罗斯静.意大利旅游指南[M].广州：广东省地图出版社，2001.

[8]沈玉麟. 外国城市建设史[M]. 北京：中国建筑工业出版社，2000.

[9]陈教斌. 中外园林史[M]. 北京：中国农业大学出版社，2018.

[10]曹盼宫. 中外园林艺术研究[M]. 长春：吉林出版集团，2018.

[11]林墨飞，唐建. 经典园林景观作品赏析[M]. 重庆：重庆大学出版社，2012.

[12]毕华，游长江. 旅游资源学[M]. 北京：旅游教育出版社，2010.

[13]张伟强. 旅游资源开发与管理[M]. 2版. 广州：华南理工大学出版社，2013.

[14]朱建宁. 户外的厅堂——意大利传统园林艺术[M]. 昆明：云南大学出版社，1999.

[15][澳]澳大利亚Lonely Planet公司.意大利[M].北京：生活·读书·新知三联书店，2011.

[16]徐公芳. 中外建筑文化[M]. 上海：复旦大学出版社，2011.

[17]丁登山，刘凯. 意大利旅游地类型划分与旅游业的发展[J]. 世界地理研究，1997（01）：52-57.